+维度

城市设计视角的
低碳生态社区
研 究 与 实 践

刘恩芳 编著

中国建筑工业出版社

图书在版编目(CIP)数据

5+维度：城市设计视角的低碳生态社区研究与实践/刘恩芳编著.—北京：中国建筑工业出版社，2021.10
ISBN 978-7-112-26587-9

Ⅰ.①5… Ⅱ.①刘… Ⅲ.①城市建设—社区建设—节能—研究—中国 Ⅳ.①D669.3

中国版本图书馆CIP数据核字（2021）第188854号

责任编辑：毋婷娴 张 健
书籍设计：陈 瑶
责任校对：张惠雯

5+ 维度：城市设计视角的低碳生态社区研究与实践
刘恩芳 编著
*
中国建筑工业出版社出版、发行（北京海淀三里河路9号）
各地新华书店、建筑书店经销
北京雅盈中佳图文设计公司制版
天津图文方嘉印刷有限公司印刷
*
开本：880毫米×1230毫米 1/16 印张：$13\frac{1}{4}$ 字数：237千字
2022年1月第一版 2022年1月第一次印刷
定价：158.00元
ISBN 978-7-112-26587-9
（38130）

版权所有 翻印必究
如有印装质量问题，可寄本社图书出版中心退换
（邮政编码 100037）

谨以此书献给上海建筑设计研究院有限公司

70 年发展历程

编委会

编委会主任：姚 军　潘 琳

主　　　编：刘恩芳

执行副主编：范文莉　曹杰勇

副 主 编：李建强　潘嘉凝

　　　　　　王彦杰　孙大鹏

　　　　　　于 亮　张路西

序一

卢济威　　俄罗斯艺术科学院荣誉院士，同济大学教授

低碳生态城市是人类迈入生态文明时代社会聚居的必然追求。20世纪后期从能源危机开始，基于工业文明传统的城市发展模式已举步维艰，人们开始认识到人与自然和谐共处的低碳生态理念的重要性，其也逐渐成为城市发展的共识和主题。在应对气候变化、全球生态负债趋于加剧的形势下，城市承载了全球人口的50%以上，占用全球85%的资源和能源消耗总量，已成为温室气体排放的主要源头，其发展转型势必首当其冲。

社区是城市重要的基本单元，在国家和区域的城市化基本完成之际，城市建设进入新的发展期——城市更新，这也是城市设计发展的重要时机，是20世纪五六十年代美国发展现代城市设计的主要原因。新世纪，我国城市发展开始转型，更多地进入城市的中、微观研究，城市设计进入精细化发展，当然也包括对社区的研究。将低碳生态、社区与城市设计整合研究正是当今城市发展的需要。

作者基于实践，特别是上海建筑设计研究院的长期城市设计和建筑设计实践，研究低碳生态社区城市设计的内涵，从自然、人文、能源、交通和公众参与等方面切入，总结经验、寻求设计规律，提出设计的5维度和19策略，涵盖了城市生态发展中人与自然、人与社会、人与技术，以及人与人等关系处理的相关内容，既实际、又深入，更有利于城市的可持续发展。

我国的城市设计发展从20世纪80年代开始，已近40年。经历了从引进西方的理论、方法到总结自己的实践经验，从追求环境形式到同时重视生态内涵，从以汽车交通主导转向以公共交通导向，以及从关心形态秩序到同时重视生命力发展的活力研究等，本书的出版正反映了这种发展趋势，可喜可贺。

2021年9月于上海

序二

王建国　　中国工程院院士，东南大学教授

当今世界，人类赖以生存的环境问题已经成为全球最重要的社会发展议题之一。人类营造了人工环境，人工环境也影响着人类的生活方式和社会发展模式。1987年，世界环境与发展委员会在《我们共同的未来》中首次提出可持续发展的定义，经过国际组织和各国政府为达成可持续发展共识的持续努力，今天逐步明确了以城市人居环境为对象，关注人和自然两大主体，聚焦环境、社会和经济三大维度，并考虑代际公平伦理和文化传承的可持续内涵。

本书便是刘恩芳教授级高级建筑师多年来基于可持续发展视角开展的城市设计研究的系列成果。

近二十年前，还是在恩芳师从卢济威先生攻读博士之时，我与她相识并深入讨论过城市设计所涉及的城市形态与城市文化的关系问题。在那个经济快速发展的时期，作为一个大型设计院的院长兼总建筑师，一边工作，还能潜心研究城市设计理论，深入思考城市在快速发展中的城市文脉问题，并在项目设计中推进城市文化在城市空间中的发展价值，难能可贵。学成之后，她率先在上海建筑设计研究院——这个有着近六十年历史的大院，组建城市设计团队并开展了持续的项目实践，这在当时全国的设计院系统是开风气之先的。她的学术远见和战略决策为上海院的专业发展播下了城市设计的火种，也为随后众多的城市设计项目打下了基础，积累了经验，更为社会的可持续发展做出专业的努力。《5+维度：城市设计视角的低碳生态社区研究与实践》，就是这样一本凝结了这一团队多年的设计实践和研究的成果。

该书从世界性的环境问题出发，结合多年的城市设计项目实践案例，较为系统地剖析了关于低碳社区的城市设计内涵，深入探讨了城市空间绿色低碳发展的主要途径。在城市形态研究及其各要素整合的基础上，她提出了基于资源和能源有效配置这一城市设计新视角，阐释了基于城市设计低碳内涵的核心内容和实现城市可持续发展的城市设计策略。

书的第一部分为认知与思考。主要在分析世界范围内可持续发展基础上，搭建了基于城市设计视角的低碳社区的技术策略框架。从环境认知、理论认知、实践认知三个方面，梳理总结了现代绿色建筑和低碳城市的发展脉络，以及当今全球超大城市对于可持续生态发展的理念和实践、各国绿色社区评价内容、2030/2040 超大城市远景目标等主要内容。在认知发展环境的背景下，提出了实现低碳社区目标所涉及的城市设计的要素、内涵、策略和方法，包括低碳社区的整体概念、目标、核心价值、低碳 5 维度、城市设计 19 策略及 60 导引等内容。在低碳社区层面探求功能混合、空间组织、生活方式和能源利用模式的生态关系，探寻人与自然、人与历史、人与自身之间的和谐发展的空间组织策略。

书的第二部分为行动与实践。基于城市设计的低碳核心价值，即城市自然与人文历史的环境生态，能源使用和功能互补的混合生态，公共生活方式和公共行为的健康生态，分别从低碳社区的五个维度，结合案例，进行逐项设计策略的分解细化，形成对实际项目颇具指导意义的设计引导。最后一章的城市设计综合案例进一步阐述这些城市设计策略和设计引导在项目中的应用。

可以说，在城市设计阶段去思考如何实现区域低碳发展目标，更具促进城市可持续发展的价值。在项目启动之初，就从整体和系统上，合理地配置建筑功能混合与能源使用的良好关系，提供多视角确定功能混合比例的科学依据，从社区层面组织好、用好建筑与建筑之间的能效互补，完善项目所涉场所的自然、人文、交通方式等方面的内容，都是这本书的独到之处。

本书将能源使用效率和空间生态友好因子纳入城市设计的整合系统，拓展和深化了城市设计的内涵，丰富了城市设计的方法；同时，也对中国特色社会主义新时代强调生态文明建设的可持续发展观，促进低碳、减碳、零碳到"碳中和"的目标实现，具有积极的理论和实践引导作用和价值。

2021 年　初春

序三

沈　迪　　全国工程勘察设计大师，华建集团执行总建筑师

在"碳达峰、碳中和"的时代大背景下，低碳理念不仅给城市设计增加了新的思考角度，也成为我们在城市更新的历史阶段开展城市设计工作的意义所在。今天，越来越多的城市将低碳减排、生态文明等理念作为自身发展的新目标。"新常态"下的城市建设，我们迫切需要在城市建设的操作层面形成一套低碳设计的体系引导。不仅在建筑个体层面对建筑设计提出绿色节能的标准和规范，更需要在区域更新及城市规划等中观和宏观层面有一套科学、系统且具实践指导作用的设计方法。

本书以工程实践为基础，从城市设计的视角维度，将研究重心放在"低碳社区"层面，力图建构起一个以低碳社区为建设目标的城市设计工作框架。为此，本书阐述了建立低碳社区的核心价值的"三大生态观"；创造性提出"基于城市设计的低碳社区 5+ 设计维度"；总结提炼出"19+ 的设计策略"和"60+"城市设计引导等具体的工作方法与手段。

作为本书研究课题的支持单位，华建集团长期致力于建筑领域的节能减排的技术研究，在低碳建筑、超低能耗建筑、低碳社区等领域有较广泛的研究投入和工程项目的实践探索。本书作为华建集团高等级课题的研究成果之一，从城市区域角度，探讨当下中国城市"碳达峰、碳中和"背景下，区域开发及片区更新等问题的可持续的城市设计（思维、方法、体系和实践），展现了华建集团在这方面新的思考和工程实践的成果。

本书可为城市开发、城市规划、城市设计、建筑设计等领域的政府管理、相关从业人员、研究学者和在读学生提供富有启迪和值得借鉴的有益观点及实践。同时，也更期望本书的出版，能在可持续发展目标驱动下，促进低碳的设计理念和方法更好地融入我们城市建设和区域更新的城市设计中，并做出积极而有意义的贡献！

2021 年 8 月于上海

前 言

刘恩芳

2009年初，在上海建筑设计研究院有限公司（以下简称"上海院"）数十年绿色建筑实践和研究的基础上，我们开始着手开展基于城市设计视角的低碳城区的设计研究和实践工作，这一涉及未来，被全世界广泛关注的可持续发展议题，也成为上海院城市设计的重点内容之一。

我们尝试在城市设计阶段，深入探讨城市的健康、绿色低碳发展的主要途径，跳出单体绿色建筑的设计，从更大范围实现空间的价值，促进城市建设的可持续发展。我们尝试在城市形态研究及其各要素整合的基础上，提出基于资源和能源有效配置的这一城市设计的视角，力求拓展城市设计的内涵，丰富城市设计的方法。

这也是对社会可持续发展的积极回应。

面对突如其来的2020年初发生的疫情，也让我们更多地思考人与自然的关系、人与人自身能够承受挑战的极限尺度和如何与环境共生。这也鞭策我们将这些年的研究和实践结集出版。

1 世界性的问题导向 + 实践性的项目基础

最早立题的出发点主要源于两个方面的原因。

一是当今世界所面临的环境危机。20世纪70年代爆发的能源危机，让人们意识到能源有限、地球资源有限，无限制地消耗自然资源将导致地球能源的枯竭，最终将导致人类的灭亡。这些能源问题、环境问题已经不仅是影响着世界未来，也直接影响着我们今天的生活环境，更影响着我们的子孙后代。

人们在对环境的认知过程中，可持续发展观念逐渐成为全球共识，世界范围内的可持续发展探索也逐步从理念走向实践，从思考走向行动。从1997年《京都协议书》的制定，2009年哥本哈根会议提出具体的二氧化碳减排指标，到2015年联合国气候变化巴黎大会通过《巴黎协定》，再到为2020年全球应对气候变化制定的行动目标。尽管各国的发展诉求不尽相同，但是大多数国家还是在不尽统一的利益面前，采取共同行动。人们不断认识到这些能源和环境问题不仅直接影响着我们今天的生活品质，还影响着世界的未来，影响着子孙后代的生存，所以一致趋向应采取行动降低这些问题的影响程度。如何解决能源和环境问题也被逐步地具体化、量化到世界各国的各个行业之中。

身处这样的历史背景，迫使我们思考，作为建筑师在这场保护环境、创造健康未来的战役中应该做些什么？为了我们的下一代能保持健康的生活环境，哪些是我们有能力去做？哪些又是值得我们思考去进行积极探索的？

第二个起因是上海院一直所秉承的社会责任担当和所承接项目的特征。作为有着近70年发展历程的大型设计机构，一代又一代的设计师们一直肩负着解决社会问题的责任，一直发扬着不断进取和创新的创作精神。从参与20世纪80年代上海虹桥开发区、到90年代浦东的开发，都积累了丰富的经验。进入2000年以来，在我们所承接的项目中，区域性的整街坊的城市设计、设计总控和综合性建筑设计的项目越来越多，大尺度的城市综合体项目、多街区整合项目也越来越多。单体建筑也呈现出规模越来越大、功能复合性越来越强的特征，推进城市的可持续绿色发展也成为这些综合项目的重要的内容之一。这些实践使我们的城市设计团队和建筑设计团队积累了一定的经验，为这项研究探求工作的顺利推进打下坚实基础。

1	2	3
4	5	6
7	8	9

图 1 上海虹桥商务核心区一期；
图 2 郑州龙湖 CBD；
图 3 世博 B 片区央企总部基地；
图 4 郑州 "1953" 文化创意产业园；
图 5 越南西贡港阮必成国际复合街区；
图 6 上海徐家汇体育公园；
图 7 上海北外滩国际航运中心区片区；
图 8 长宁虹桥开发区城市更新；
图 9 上海徐汇滨江传媒港
（图片来源：项目设计文本）

2　认知思考辨析 + 研究范围界定

现代绿色建筑和低碳城市的概念，是随着人们改造自然的过程不断深化，在逐步认识建造环境和自然环境的关系中提出的。

20 世纪 50~60 年代，环境的生态问题已成为社会的重大课题，生态学也得到各界的认知。意大利保罗·索勒，首次把建筑学与生态学结合，提出了生态建筑学。20 世纪 70 年代爆发的能源危机，让人们意识到能源有限，地球资源有限，人们积极探索推进环境友好的建成环境的设计和建设的方法，开始提倡建筑中被动地使用太阳能，通过利用建筑朝向、自然通风、改善围护结构的性能等，来节约建筑能耗，提出了"节能建筑"概念；后来逐渐认识到不仅需要节约建筑能耗，同时需要提高建筑用能的效率，开始了"绿色技术"应用的主动实践。绿色概念越来越深入人心，关注环境和能源使用的设计不断完善，不断进步。

20 世纪 80~90 年代，开始探索跳出单体建筑的更大区域的绿色技术应用，由绿色单体建筑向生态绿色城区的建设的研究和实践，成为世界城市可持续发展的重要焦点课题。

我们深知在更为前期的设计阶段，跳出单体建筑的绿色技术应用，从更大规模项目的整体着手，实现区域的系统化的低碳目标的重要性，特别是在城市设计阶段就去思考如何实现可持续区域发展的目标更为迫切，这些研究工作也更具促进城市实现可持续发展目标的意义。

为此，我们选择了"社区"这一介于城市到建筑单体间的中观层面的主题作为研究基点，在对国内外的相关理论和实践认知的基础上，结合了各国 2030、2040、2050 的城市发展远景计划和实践目标，结合了各国绿色评估体系中对应于绿色社区评估的主要关注内容，结合了近些年各地及上海院相关项目的设计实践案例，以理论和实际项目设计为基础，把研究重点定位在"低碳绿色社区"层面。

这主要是考虑到相对于"生态城市"和"绿色建筑"，"低碳绿色社区"是个容易被忽略的研究对象，但它确是城市空间意义的能源消耗和碳排放的主要空间载体，是应对气候变化、保护环境的重要行动单元，是实现城市可持续建设目标十分关键的中间层次，存在许多值得探讨研究和实践的命题。

低碳绿色社区的城市设计，既要组织空间形态，还要从能源使用、资源集合等多角度把影响社区的各组成要素，如建筑布局、交通组织、自然人文环境、城市肌理、能源消耗等"联结"起来。这个"联结"的过程就是在城市设计阶段，实现项目更有效的各种资源的整合配置，使项目在启动之初，就从整体和系统上更合理地配置建筑功能混合的能效互补，更合理地配置场所形态，更舒适地规划空间布局，更充分地发扬场地所蕴含的历史文脉的价值，更合理地促进健康的低碳生活方式的交通体系和环境体系的形成，更有效地从社区层面组织好、利用足建筑与建筑之间的能效互补特征与废物再利用特征等。

3 基于城市设计的低碳行动

在实践项目设计的基础上，我们基于城市设计视角，从低碳社区层面，来阐述和研究城市发展的可持续性。探寻基于城市设计视角的低碳绿色社区的城市设计的主要内涵、设计内容，从城市设计的实践来提炼形成与绿色低碳社区相关的城市设计要素和我们实现绿色低碳社区目标的城市设计策略及技术措施。

我们力求比较全面地建立实现低碳社区目标所涉及的城市设计的要素、内涵、策略和方法，包括核心价值、城市设计维度、城市设计策略及城市设计导引，以期在当今城市更新及新城镇化发展背景下，为我们的城市设计实践提供策略方法，为促进城市建设的可持续发展目标的实现提供途径。

我们明晰低碳社区的城市设计核心价值内涵，即城市自然与人文历史的环境生态，能源使用和利用的互补生态，公共生活方式和公共行为的健康生态。

我们尝试建立基于城市设计低碳内涵新视角的核心内容，拓展基于能源使用效率和环境友好的城市设计整合要素，在低碳社区层面探求功能混合、空间组织、生活方式和能源利用模式的健康生态关系，实现人与自然、人与历史、人与自身之间的和谐发展关系。

我们逐渐从实际的设计项目中建构低碳社区的城市设计5+维度、19+的设计策略、58+城市设计引导，以此指导我们的城市设计实践，并在实践中不断丰富和完善。

全书共分成两部分：第一部分，认知与思考；第二部分，行动与实践。

第一部分主要由第1章绪论以及第2章低碳社区的城市设计组成。主要在认知发展环境的背景下，构建主要研究实践内容，即低碳社区城市设计的技术体系，包括低碳社区的整体概念，低碳社区的城市设计内涵、目标、核心价值，低碳社区的城市设计维度，低碳社区的城市设计策略和引导等内容。

第二部分由第3章~第8章组成。第3章~第7章分别从5个维度逐项展开论述，结合实际的城市设计案例进行相对应的设计策略的深化探讨，分章节逐条逐项细化

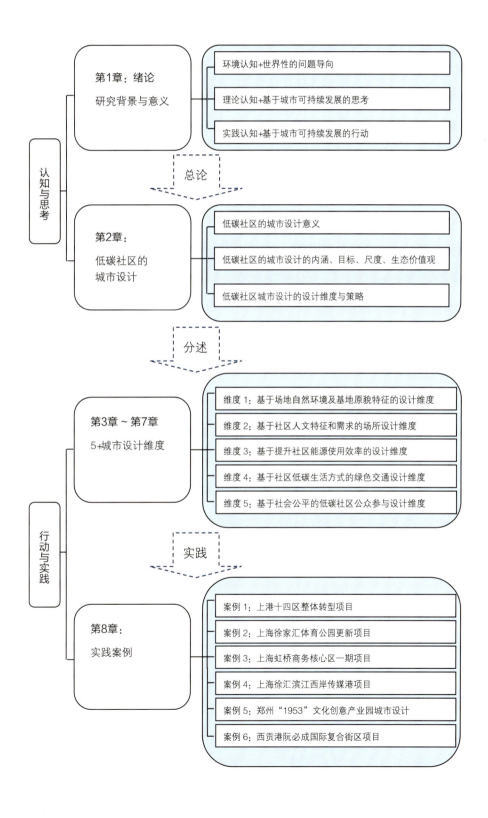

图10 研究路径和研究内容

19+ 低碳社区的城市设计策略，并根据不同项目的实际情况，形成提出对实际项目有指导意义的 58+ 设计引导的主要内容。第 8 章主要由实际项目案例组成，进一步阐述这些城市设计策略和设计引导在城市设计项目中的应用。

  这是一项有意义又具挑战的工作。意义在于它直面的全球的可持续发展问题，力求借助城市设计方法和手段，降低建成环境对环境的影响，提高当代和下一代的生存环境品质；同时，这也是一个挑战性极大的领域，面对当前纷杂的市场环境，需要潜心漫长的艰苦工作，对于一个以实践设计项目为主要任务的团队，研究同样也是一个巨大的考验。但正是有了这些城市设计的实际设计案例，也为我们的成果奠定了扎实的基础。

  对于这一课题的认识是在调研和实践过程中逐渐成形的，虽然几经修正，但相对于我国城市建设的纷繁复杂、快速发展来说，本书所呈现的仍是一个阶段性的成果，会有许多地方需要进一步的完善，这也正是我们定义的 5+ 维度、19+ 策略、58+ 引导的初衷，这是一种动态的、开放的、不断包容和丰富的过程。

  不妥之处，敬请大家指正。

2021 年 9 月于上海

目 录

5	序一	卢济威
7	序二	王建国
9	序三	沈 迪
11	前言	刘恩芳

001　第一部分　认知与思考

002　第1章　绪论

003　**1.1　环境认知 + 世界性的问题导向**
003　　环境认知
004　　世界性的问题导向
005　　全球共同的行动
007　**1.2　理论认知 + 基于城市可持续发展的思考**
007　　理论认知
009　　可评估的绿色目标
015　**1.3　实践认知 + 基于城市可持续发展的行动**
015　　历史启示
015　　低碳城市（2030/2040/2050）
020　　低碳城市发展趋势

022　第2章　低碳社区的城市设计

023　**2.1　低碳社区的城市设计意义**
024　**2.2　低碳社区的城市设计**
025　　低碳社区的城市设计内涵

026		低碳社区的城市设计目标
026		低碳社区的城市设计尺度
027		低碳社区的城市设计生态价值观
028	**2.3**	**低碳社区城市设计的"5+"维度策略**
029		维度1　基于场地自然环境及基地原貌特征的设计维度
029		维度2　基于社区人文特征和需求的场所设计维度
030		维度3　基于能源高效利用的设计维度
030		维度4　基于社区低碳生活方式的绿色交通设计维度
031		维度5　基于社会公平的低碳社区公众参与设计维度
031		"19+"设计策略和"58+"设计引导

035 ｜ 第二部分　行动与实践

036 ｜ 第3章　基于场地自然环境及基地原貌特征的设计维度

038	**3.1**	**策略1　以综合因子影响为引导的场地选择**
038		引导A　基于综合环境敏感度的分区，确定开发模式分区
039		引导B　结合"绿廊""蓝廊"，强化公共空间架构
041		引导C　借助立体绿化，提升高密度城区的生态环境品质
041	**3.2**	**策略2　与地域环境紧密结合的场地建筑布局**
043		引导A　优化建筑组群布局，改善微气候环境
043		引导B　精细化处理气候极端点位的总体布局，提升社区微气候品质
044	**3.3**	**策略3　结合地形土方控制的场地竖向设计**
044		引导A　利用土方最优原则，塑造地貌的景观特征
046		引导B　结合地形竖向，营造景观的地貌特征
046	**3.4**	**策略4　保育现状植被、水文特征一体化的场地景观塑造**
047		引导A　保护原有植被，实现新场地生态环境特色
048		引导B　结合场地环境水文特征，保护生态排水系统
049		引导C　采用建筑雨水断接，减缓社区雨水排放
051	**3.5**	**策略5　保护表层土、不透水表面最小化的场地处理**

051		引导 A	运用建筑合理架空，保护场地表层土
052		引导 B	关注固废的再利用，降低碳排放

054　第 4 章　基于社区人文需求的场所设计维度

056	**4.1**	**策略 6**	**激发场所活力多样化的社区功能混合**
056		引导 A	优化"主、辅"的功能混合，实现场所活力的可识别性
059		引导 B	拓展四个维度的功能混合，释放场所活力的时空特征
062	**4.2**	**策略 7**	**集聚场所活力能量的社区空间组织**
062		引导 A	整合地上地下功能，构建立体化的活力界面
063		引导 B	对接资源点与资源点，形成步行主干脉络
064		引导 C	捕捉步行汇聚节点，形成特色"热点"区域
065		引导 D	组织地上地下衔接，塑造"都市核"公共空间节点
066	**4.3**	**策略 8**	**活化场所文脉的社区空间生长**
066		引导 A	织补空间肌理，展现文脉特色
067		引导 B	整合新旧要素，强化文脉底蕴
069		引导 C	活化老建筑，营造城市名片与魅力社区

072　第 5 章　基于能源高效利用的设计维度

073	**5.1**	**策略 9**	**基于能源高效利用的社区功能混合**
076		引导 A	倡导社区用能时间互补的功能混合，减少项目用电负荷峰谷差
077		引导 B	优化社区用能特征互补的功能混合，促进能源互补利用
078		引导 C	发挥社区功能规模效应，促使"废物"规模化再利用
079		引导 D	基于用能多因子评价方法，指导选择最佳社区功能混合配比
080	**5.2**	**策略 10**	**基于减少用能需求的社区形态**
081		引导 A	结合周边环境调整建筑布局朝向，形成遮阳型外部空间与建筑形态
085		引导 B	控制道路宽度，形成社区节能型街道
090		引导 C	权衡判断建筑太阳辐射得热，选择合适的建筑总体空间布局

094		引导 D	优化室外建筑空间布局，改善风环境和建筑自然通风
099		引导 E	改善室外热环境影响因素，降低热岛效应
101	**5.3**	**策略 11**	**基于提高能源综合利用效率的社区用能配置**
101		引导 A	合理设置社区能源中心，提高能源利用效率
103		引导 B	整合太阳能与建筑一体化设计，实现太阳能规模化应用
103		引导 C	结合气候环境及场地条件，采用合适的方式获取环境热资源

108　第 6 章　基于低碳生活方式的低碳社区绿色交通设计维度

110	**6.1**	**策略 12**	**强化以公共交通和慢行交通为导向的城市土地利用模式**
111		引导 A	以慢行交通可达性的要求确定城市肌理
113		引导 B	土地的混合使用优化出行模式，激发公交枢纽的活力
116	**6.2**	**策略 13**	**完善公交系统，强化公共交通的革新与优先权**
117		引导 A	合理适度开辟公交专用道
118		引导 B	在有条件的区域合理发展快速公交系统
118		引导 C	强化公交优先的法规和理念，提升规划与管理的反馈优化机制
118		引导 D	采取交通静默措施
119	**6.3**	**策略 14**	**强化慢行系统与公共交通的有效衔接，建立多模式交融的综合体系**
120		引导 A	鼓励公交、慢行与小汽车交通共生共融
120		引导 B	大力促进"轨道交通 + 慢行系统"的一体化绿色交通体系
122	**6.4**	**策略 15**	**构建人性化的城市社区慢行系统**
122		引导 A	提升慢行交通系统的有效通行权
124		引导 B	优化交通设施，促进慢性交通的使用
125		引导 C	慢行体系融入社区共享空间
126	**6.5**	**策略 16**	**建构绿色交通建设的社区管理机制**
127		引导 A	倡导"无车化"的社区开发
127		引导 B	汽车共享计划
128		引导 C	公用共享自行车计划

130	**第 7 章**	**基于社会公平的低碳社区公众参与设计维度**
131	7.1	策略 17　倡导多方协作的公众参与机制建设
132		引导 A　建立公众参与保障制度
133		引导 B　建立公众参与组织机制
135		引导 C　依托专业组织和机构
136		引导 D　完善社区规划师制度、建筑师制度
138		引导 E　建立明确的参与渠道和方式
139	7.2	策略 18　普及公众低碳意识的多样化途径创新
139		引导 A　举办技术知识、法律法规宣传活动
139		引导 B　完善宣传硬件及软件设施
140		引导 C　紧密结合基础教育
142	7.3	策略 19　建立共建共享的公众参与社区激励
143		引导 A　培育责任意识
143		引导 B　鼓励共同营造
144		引导 C　有效利用利益影响因子

146	**第 8 章**	**实践案例**
147		案例 1　上港十四区整体转型项目
156		案例 2　上海徐家汇体育公园更新项目
161		案例 3　上海虹桥商务核心区一期项目
168		案例 4　上海徐汇滨江西岸传媒港项目
174		案例 5　郑州"1953"文化创意产业园城市设计
181		案例 6　西贡港阮必成国际复合街区项目

187	**参考文献**
190	**致　谢**

1

认知与思考

第一部分

第 1 章

绪论

从 20 世纪 70 年代开始,
全球性的能源危机迫使人们逐渐意识到无节制地消耗能源,
不仅带来环境的恶化,
也将使地球能源渐趋枯竭,
最终影响人类存亡。

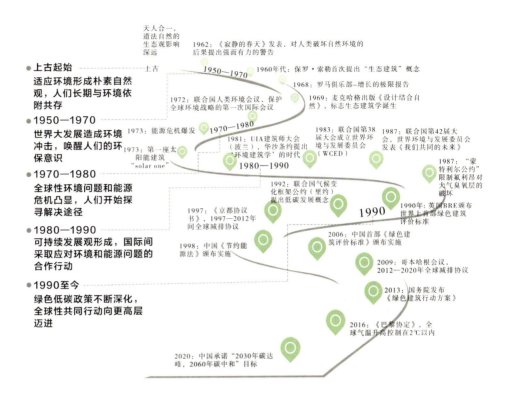

当前，在全球范围内对环境的关注、对社会可持续发展的讨论和实践，不断走向深入。从1997年《京都协议书》的制定，到2009年哥本哈根会议各国提出的具体二氧化碳减排的指标，都是在世界范围内展开一场又一场关于环境与人类自身协调发展的思考和行动，从对环境保护的觉醒到自觉建立人与自然的生态关系，进而实现社会发展的可持续（图1-1）。

正是在这种环境的认知背景中，绿色建筑、生态城市、低碳城市等课题成为当今城市建设发展的焦点内容。

1.1 环境认知+世界性的问题导向

环境认知

1979年日内瓦第一次世界气候大会（FWCC）首次正式提出了气候变暖的问题；1988年政府间气候变化专门委员会（IPCC）成立；1992年《联合国气候变化框架公约》（UNFCCC）将"气候变化"定义为："经过相当一段时间的观察，在自然气候变化之外由人类活动直接或间接地改变全球大气组成所导致的气候改变。"

图1-1 全球绿色低碳发展趋势
（课题组归纳）

大量的研究成果和评估报告揭示，大气层中二氧化碳的浓度不断增高，导致"温室效应"使得全球气温上升。工业化进程中消耗着大量的能源成为温室气体增加、环境污染的最主要原因之一，大量的城市设施的建造和使用过程，成为工业化进程中的能源消耗、资源消耗的主要的组成部分，加速了全球的气候变化。

2006年3月21日第25个世界森林日之际，国际环保组织"绿色和平"发布了精确的卫星图报告显示：原始森林只剩余不到陆地面积的1/10，148个森林带范围内的国家中，有82个国家已经完全失去未受侵扰的原始森林，而且余下的森林仍以每2秒钟一块足球场大小的速度在消失。

2008年10月29日中国发布的《中国应对气候变化的政策与行动》白皮书显示，中国近百年来地表平均气温升高了1.1℃，近50年来降水分布格局发生了明显变化，近30年来，中国沿海海平面总体上升了90mm。[1]

在这种大的环境变化背景下，1997年12月，149个国家和地区的代表在日本讨论通过了防止全球变暖的《京都议定书》，其中规定，到2010年，所有发达国家二氧化碳等6种温室气体的排放量，要比1990年减少5.2%。2009年《哥本哈根协议》尽管在193个与会国家中仅获"承认"而非"通过"，但协议清晰表明，从科学角度将全球气温上升的幅度限制在不超过工业化前水平2℃。以发达国家、发展中国家区别对待为原则，提出2020年的减排目标。

2015年11月，《联合国气候变化框架公约》第21次缔约方会议（气候大会）在巴黎召开。会议旨在促使196个缔约方（195个国家+欧盟），为2020年后全球应对气候变化行动达成一致意见。12月12日，会议形成《巴黎协定》，协定包括29条内容，其中一个重要内容是：把全球平均气温升幅控制在较工业化前水平低于2℃之内，并努力将气温升幅限值在1.5℃之内；在21世纪下半叶实现温室气体的人为排放与汇的清除之间的平衡。与此同时，气候大会决定，将从2023年开始进行第一次全球碳排放总结，并在此后每五年进行一次盘点，以实现全球应对气候变化长期目标。

世界性的问题导向

尽管目前世界各国尚未完全就如何降低碳排放达成一定的共识，特别是在发展中国家和发达国家的利益诉求上，有时还会出现反复。但是在世界范围内，构建或保持国际性大都市竞争力，积极探索出一条资源节约型、环境友好型的可持续发展

1　数据源自：《中国应对气候与变化的政策与行动》白皮书，国务院新闻办公室，2008.

道路已成为共识，城市的可持续发展议题也一直成为相关学界和业界的理论和实践探讨的重要内容。

伴随着中国城市化发展进程，面对更多资源、环境等方面的严峻挑战，这一世界性的问题也在发展中显现。数据显示，进入2000年，中国的能耗结构中，建筑占据了大约1/4；用电结构中，建筑用电也占据了约1/4[1]。而2000年按现行汇率计算每百万美元国内生产总值能耗，我国比世界平均水平高2.4倍，比美国、欧盟、日本、印度分别高2.5倍、4.9倍、8.7倍和0.43倍[2]。2010年中国单位GDP能耗是世界平均水平的2.2倍[3]。

与此同时，中国在推进绿色低碳发展上做了持续的努力，从政策导向到实施路径。近年来，在"十二五""十三五"发展纲要指导下，节能降耗取得了积极成效，单位GDP能耗逐年下降，"十二五"期间中国的万元GDP能耗下降近19.91%。"十三五"期间中国的万元GDP能耗下降目标为15%，截至2018上半年万元GDP能耗实际已下降了11.9%，"十三五"期间中国也将超额完成节能减排任务。"十四五"规划中，国家更是将降低碳排放强度作为重点，明确支持有条件的地方率先达到碳排放峰值，制定2030年前"碳达峰"行动方案。

全球共同的行动

世界范围内，许多国家和国际组织都在积极推进社会的可持续发展。

以C40为代表的关注全球气候变化的国际性组织，汇聚了全球96个世界级大城市（表1-1），积极为应对气候变化担当应尽的责任。绿色低碳发展理念也渗透到各国城市建设的可持续发展环节，成为城市发展的重要课题。

与此同时，越来越多的城市逐渐认识到可持续发展正在成为经济发展的重要核心。绿色低碳发展有助于构建或保持国际性大都市的竞争力，逐渐成为城市管理者的共识。在新兴市场选择、政策法规等多方因素的推动下，"绿色、低碳"成为新的城市发展和竞争力的目标，许多知名企业在选择办公驻地区时也越来越关注所在地区和城市的环境健康，低碳健康的理念成为新一轮企业竞争力的重要内容。如位于墨尔本中心区的世界五百强总部陆续搬迁到环境更为友好的达克兰（Dockland）区，那里因为低碳城区的新形象，成为吸引跨国公司投资、驻留的新场所。

---

1 开彦，王涌彬.绿色住区模式：中美绿色建筑评估标准比较研究[M].北京：中国建筑工业出版社，2011.
2 徐仁武.中国能源形势与节能技术发展动态 http://www.dost.hainan.gov.cn/jnz/jnlw/6.html
3 东方财经报道，http://finance.eastday.com/economic/m1/20111228/u1a6281757.html

C40应对气候变化的国际城市联合组织　　　　表1-1

		C40主要城市（C40 LARGE CITY）	C40关联城市（C40 AFFILIATE CITY）
亚洲	中国	北京（BEIJING）、上海（SHANGHAI）、香港（HONG KONG）	
	韩国	首尔（SEOUL）	昌原（CHANGWON）
	日本	东京（TOKYO）	横滨（YOKOHAMA）
	印度	德里（DELHI）孟买（MUMBAI）	
	巴基斯坦	卡拉奇（KARACHI）	
	孟加拉国	达卡（DHAKA）	
	越南	河内（HANOI）	胡志明市（HO CHI MINH CITY）
	泰国	曼谷（BANGKOK）	
	印度尼西亚	雅加达（JAKARTA）	
非洲	埃及	开罗（CAIRO）	
	尼日利亚	拉各斯（LAGOS）	
	埃塞俄比亚	亚的斯亚贝巴（ADDIS ABABA）	
	南非	约翰内斯堡（JOHANNESBURG）	
北美洲	美国	芝加哥（CHICAGO）、多伦多（TORONTO）、纽约（NEWYORK）、费城（PHILADELPHIA）、洛杉矶（LOS ANGELES）、休斯敦（HOUSTON）	西雅图（SEATTLE）、波特兰（PORTLAND）、盐湖城（SALT LAKE CITY）、圣弗朗西斯科（SAN FRANCISCO）、奥斯汀（AUSTIN）、新奥尔良（NEW ORLEANS）
	墨西哥	墨西哥（MEXICO CITY）	
南美洲	委内瑞拉	加拉加斯（CARACAS）	
	哥伦比亚	博格达（BOGOTA）	
	秘鲁	利马（LIMA）	
	巴西	圣保罗（SAO PAULO）、里约热内卢（RIO DEJANEIRO）	库里蒂巴（CURITIBA）
	智利	圣地亚哥（SANTIAGO DE CHILE）	
	阿根廷	布宜诺斯艾利斯（BUENOS AIRES）	
欧洲	瑞典	斯德哥尔摩（STOCKHOLM）	
	丹麦	哥本哈根（COPENHAGEN）	
	荷兰		阿姆斯特丹（AMSTERDAM）、鹿特丹（ROTTERDAM）
	德国	柏林（BERLIN）	海德堡（HEIDELBERG）
	波兰	华沙（WARSAW）	
	英国	伦敦（LONDON）	
	法国	巴黎（PARIS）	
	瑞士		巴塞尔（BASEL）
	意大利	罗马（ROME）	米兰（MILAN）
	西班牙	巴塞罗那（BARCELONA）、马德里（MADRID）	
	土耳其	伊斯坦布尔（ISTANBUL）	
	希腊	雅典（ATHENS）	
	俄罗斯	莫斯科（MOSCOW）	
大洋洲	澳大利亚	悉尼（SYDNEY）、墨尔本（MELBOURNE）	

（表格整理自：http://www.c40.org/）

这些现象也极大地促进了城市管理者对于城市可持续发展战略实施的推进。各大城市陆续建立城市建设的绿色低碳发展目标，绿色评价标准不断完善，理论探讨也在实践中不断深入。

1.2 理论认知 + 基于城市可持续发展的思考

20世纪80年代，世界环境与发展委员会在《我们共同的未来》[1]报告中第一次阐述了"可持续"这个概念，即"满足现代人的需求，以不损害子孙后代的需求为前提"，强调的是经济、社会、环境的协调和持续的发展。为应对全球气候的变化，可持续发展的议题不断深化，理论探讨也不断涌现。

理论认知

人们在对环境的认知中，可持续发展观念逐渐成为全球共识。

在城市设计领域，对于可持续发展的理论探讨也不断深入，并应用于实践。有些从"指标体系和案例研究"方面，对低碳生态规划的指标体系与城市不同功能区进行探讨；有些从不同功能、类型形成用地规划、交通组织、资源利用、生态景观环境、微气候环境等目标体系，包括低碳目标、城市功能、低碳能源、绿色建筑、低碳交通、资源循环、生态碳汇、区域环境等内容；有些从运行管理角度，形成城市管理框架，促进管理精细化水平的提升。

王建国院士早在20世纪90年代开始倡导绿色城市设计，并对相关建筑理念做过诠释，他于1997年在《生态原则与绿色城市设计》一文中提出"绿色城市设计"的概念，认为绿色城市设计是在以往城市设计的基础上，"把握和运用以往城市建设所忽视的自然生态的特点和规律，贯彻整体优先和生态优先的准则，力图创造一个人工环境与自然环境和谐共存的、面向可持续发展的未来的理想城镇建筑环境"[2]，并于2019年在多次会议上强调，绿色城市设计是把城市看作一个与自然系统共生的地球生命有机体，更关注城市的可持续性和韧性。这些已成为当今新城建设和城市更新的建设发展准则，成为我国城市规划和城市设计关注的核心内容。雄安新区等都将"构建生态文明"作为基本的可持续发展的重要内容，成为城市建设的主要内容。

---

1 《我们共同的未来》是世界环境与发展委员会关于人类未来的报告。1987年2月，在日本东京召开的第八次世界环境与发展委员会上通过，后又经第42届联大辩论通过，于1987年4月正式出版。
2 王建国. 生态原则与绿色城市设计 [J]. 建筑学报，1997，（7）：8-12.

吴志强院士《城市生态规划技术方法体系研究》[1]一文,从自觉化行为走向法定模式、从单体生态技术走向城市生态技术集成、从城市生态技术走向城市生态规划技术、从城市规划编制阶段走向城市规划全生命周期、从空间配置技术走向空间运行模拟监测技术等五个方面,讲述了城市生态规划技术方法体系的发展趋势,从技术维度、时间维度、空间维度论述了城市生态规划技术方法体系的框架。

仇保兴教授《从绿色建筑到低碳生态城》[2]一文,从回顾我国的建筑节能与绿色建筑发展历程入手,提出了正确的发展观和城市可持续发展的应对之道,即走中国特色的低碳城市发展模式必须从两个层次——绿色建筑和低碳生态城建设——同时入手。文章将"低碳生态城"分为四种主要类型,总结了中国在天津中新生态城、唐山曹妃甸等地进行的生态城建设,在此基础上提出了我国低碳生态城发展的总体思路和规划建设的具体要求,以及最具潜力的低碳生态城的关键技术。

龙惟定教授在《低碳城市的区域建筑能源规划》[3]一书中,从建设低碳城市与低碳经济的关系出发,论述了以综合资源规划为基础的区域建筑能源规划原则与目标,对可利用资源进行了分析,介绍了基于碳约束的区域建筑利用能源的优化方法和区域建筑能源需求的预测。

美国学者理查德·瑞吉斯特(Richard Register)的《生态城市——重建与自然平衡的城市》[4]一书,从生态系统角度描述了城市发展的生态原则。他认为,人类的生活质量在很大程度上取决于我们建设城市的方式、城市人口密度和多样性程度。建筑与周围自然环境构成一个有机群落,不能割裂;城市应采取就近居住原则,符合自然系统的统一规则;城市人口密度越大,多样性程度越高,对机械交通依靠越小,对自然资源消耗越小,最终对自然界的负面影响就越小。这些生态系统原则对城市设计有着一定启示意义。

美国学者巴鲁克·吉沃尼(Baruch Givoni)的《建筑设计和城市设计中的气候因素》[5]一书,从建筑气候学和城市气候学两个维度进行讨论,总结出炎热干旱地区、湿热地区、寒冷地区、冬季寒冷夏季湿热地区的建筑设计和城市设计导则。他认为,城市的形态涉及建筑群的形状、高度和体量、街道、建筑物的朝向、城市空间的表皮,这些属性都会对城市气候产生一定的影响。这种复杂的互动和反馈存在于建筑与它们所处的室外环境之间,互为影响,互为改变。他提出要将这些影响要素进行分析,

---

1 吴志强,干靓.城市生态规划技术方法体系研究:以上海世博会园区生态规划为例[M]//中国城市科学研究会.2011国际绿色建筑与建筑节能大会论文集.北京:中国建筑工业出版社,2011.
2 仇保兴.从绿色建筑到低碳生态城.城市发展研究[J].2009,16(7):1.
3 龙惟定.低碳城市的区域建筑能源规划[M].北京:中国建筑工业出版社,2011.
4 理查德·瑞吉斯特.生态城市:重建与自然平衡的城市[M].北京:北京社会科学文献出版社,2010.
5 巴鲁克·吉沃尼.建筑设计和城市设计中的气候因素[M].北京:中国建筑工业出版社,2011.

研究气候和城市设计之间的关系，为设计师在场地朝向、场地组织和建筑材料结合等方面提出判断标准和提供针对不同区域气候环境下的设计指导。

斯蒂莫斯（K. Steemers）在"Energy and the city: density, buildings and transport"[1]一文中，对能源和城市形态的关系进行探讨。城市形态中的建筑密度不仅影响到建筑日照、采光、自然通风，城市交通等，还影响着能源的消耗，建筑能耗是这些因素相互作用的结果。实现可持续城市需要从政策、规划设计等方面来平衡这些影响因素，并应在项目初始阶段进行考虑，制定可行可控技术方法。

贾巴仁（Y. Jabareen）"Sustainable Urban Forms: Their Typlogies, Models, and Concepts"[2]一文总结出可持续城市发展和环境规划的七大设计方面，既紧凑、可持续交通、密度、混合用地、多样化、被动太阳能设计和绿化空间。并对四种城市进行深入分析，认为传统更新型、抑制无序外扩、紧凑城市、生态城市四种形态最具明显的可持续城市形态特征。同时探讨了如何将可持续设计概念赋予权重，并以矩阵的方法来评价城市形态。

这些研究以不同视角，对可持续发展的理论进行了积极的专业探讨，对规划设计、城市设计、建筑设计的实践也有着积极促进作用。

可评估的绿色目标

为引导城市可持续建设的落地，世界各国根据自身情况，相继建立了各自的绿色建筑的评估体系。

这些评估体系，通过不断更新，逐步具体化到策划、设计和运营的各个环节，形成基于各国发展实际情况的、符合低碳绿色发展理念的指标体系，涵盖城市规划、城市设计、建筑设计、运营管理等内容。一些绿色评估体系也建立了低碳社区的评价标准，其中包括英国 BREEAM Communities、美国的 LEED-ND、LEED for Cities and Communities，德国 DGNB Urban Districts、新加坡 Green Mark for Districts、澳大利亚 Green Star Communities 以及中国《绿色生态城区评价标准》等城市和社区评估体系，推广较快，成为较为成熟的评价体系。

这些评估目标的确立，为落实城市的可持续发展目标，奠定了可查可依可落实的基础。

1　Steemers, K. Energy and the city: density, buildings and transport. Energy and Buildings [J]. 2003, 35（1）: 3-14.
2　Jabareen, Y. Sustainable Urban Forms: Their Typlogies, Models, and Concepts. Journal of Planning Education & Research [J]. 2006, 26（1）: 38-52.

英国 BREEAM[1] Communities

BREEAM Community 是基于英国建筑研究院 BREEAM 方法建立的用于评估社区可持续性的评价标准，于规划阶段，用来帮助城市规划决策者、开发商、规划师等相关方来实现社区的可持续发展。适用于中型或大型混合使用社区，也适用于单一用途开发项目，如居住区、零售或商务园区等。整个评价过程包括三个步骤、两个阶段证书（临时 BREEAM Community 认证、最终的 BREEAM Community 证书和等级）。

第一步：建立开放基本原则。如果项目的开发基本原则包含所有的强制项标准要求，将被授予临时证书。

第二步：确定开发布局。主要包括生物多样性和栖息地保护与强化，行人、骑自行车者和车辆交通的通行，公共交通，街道和建筑布局，居住类型，公共区域和绿色市政设施等内容。

第三步：设计细节。主要包括景观、建筑材料、管理和长期设施与服务、建筑设计、包容性设计、建造期间和建成后资源效率、建造期间地方雇员等设计细节。按照项目性能表现，获得最终认证。

BREEAM Community 引导项目开发从早期考虑环境、社会和经济方面的可持续性，同时关注场地边界外的公用设施和设备对开发的影响，以支撑下一步达到更高的可持续发展目标，同时减少项目投资成本。

美国 LEED[2] ND 和 LEED for Cities and Communities

LEED 评估体系除了有针对不同功能类型建筑的评估，还有针对社区的 LEED-ND（LEED for Neighborhood Development）邻里社区开发评估体系、LEED for Cities and Communities 城市及社区评估体系。美国不仅只有 LEED 标准，还有 Energy Star 和 Green Globe 等标准同时在发挥作用。

LEED-ND[3] 历经了 2004—2009 年的 5 年时间，较为成熟完整地整合了精明增长、新城市主义和绿色建筑三大绿色社区发展原则，成为美国首部面向邻里社区规划的综合性评价标准。

---

1 BREEAM 是英文 Building Research Establishment Environmental Assessment Method 的缩写，由英国建筑研究院（Building Research Establishment）编制的绿色建筑评估体系。
2 LEED 是 Leadership in Energy and Environmental Design 的缩写，是美国能源与环境设计的认证标准。
3 LEED-ND 是由美国新城市主义协会（Congress for the New Urbanism）、美国自然资源保护委员会（Natural Resources Defense Council），以及美国绿色建筑委员会（Green Building Council）联合推出的一套面向社区规划的可持续发展评估体系。

LEED-ND 从紧凑发展、公交导向、混合功能和房屋布局、友好的自行车和步行系统设计等几方面提出了社区开发建设的应用原则。这些内容也是一个发展的过程，从 2005 版的项目选址、环境保护、规模紧凑、功能完整、互相依存的社区开发模式、资源的有效利用，到更为完善和优化的 2009 版的精明选址和连通性、邻里社区布局和设计、绿色基础设施和建筑创新和设计过程等。

内容涵盖广泛，包括土地的有效利用、紧凑开发和发展、通达开放且包容不同收入阶层的多元化的社区、适宜步行的街道网络、公共交通、混合功能的邻里中心、有行道树的林荫道、公共空间、公共设施、无障碍设计、当地食物生产、住区学校、公共参与等。

2016 年 12 月开始启动的 LEED for Cities and Communities，为更大范围的可持续发展提供认证平台。提供了一种基于绩效的认证方法。从激发城市可持续发展的领导力，保护生物多样性，能源、废物和水达到并超过净零碳目标、实现宜居的工作娱乐环境等方面，跟踪和衡量结果。评价范围从社区级别扩展到城市范围，成为促进城市更可持续，更公平，更具韧性发展的催化剂和度量工具[1]。

这是一个不断适应新发展目标、不断完善的过程。

德国 DGNB[2] Urban Districts

DGNB Urban Districts 是德国可持续建筑委员会针对城市区域而编制的评估标准。从 2009—2012 年，形成了较为成熟的可持续城区评估标准，用以评估对可持续发展目标做出杰出表现的建筑和城市地区。

DGNB Urban Districts 城区开发评估指标体系以城区层面的"经济、文化、生态环境和自然资源"的整体性能的提升和发展作为核心，确立"以整个生命周期的能耗控制、社会文化发展，来保证公共生活健康、保护生态环境和自然资源"目标，围绕"生态环境、经济、社群文化和公共健康、技术、过程以及场地"等 6 个性能内容，来衡量城区整体的经济性能、社会文化和公共健康性能，以及生态环境和资源性能。同时关注执行和实现这些目标过程中的技术性能和程序性能，以确保从设计建造至运营管理每个阶段的高质量落地。

---

1 参考文献 plus.usgbc.org/the-next-big-thing/
2 DGNB 是德国可持续建筑认证标准（Deutsche Gütesiegel für Nachhaltiges Bauen）的缩写，同时也是德国可持续建筑委员会（Deutsche Gesellschaft für Nachhaltiges Bauen e.V.）的缩写。DGNB（Deutsche Gütesiegel für Nachhaltiges Bauen）（德国可持续认证标准）是一个历史名词，是当时德国联邦交通、建筑、城市发展部和德国可持续建筑委员会 DGNB（Deutsche Gesellschaft für Nachhaltiges Bauen e.V.）联合发起的认证体系。在试验期过后，2009 年两家各自分别进行自己的认证体系，联邦交发展部推行自己的 BNB 体系，而 DGNB 推行自己的 DGNB 认证体系。所以，目前大家谈的 DGNB 就是一个概念，就是德国可持续建筑委员会的认证体系。

在市区层面，DGNB Urban District 更关注公众生活福利的质量，包括教育设施、儿童保健，当地的生活便利设施（健身、餐饮、聚会等设施）和文化设施、建筑物之间的区域等。建筑本身虽不强求一定要通过认证，但是建筑的能源、水、废物的管理等基本性能数据会被纳入评价过程。

澳大利亚 Green Star Communities[1]

澳大利亚绿色社区（Green Star Communities），定义了五个类别的评级标准，根据不同项目的类型、设计范畴，从宜居性、经济繁荣、环境质量、地方决策、全面管理（地方决策、管理）等方面，进行了 33 项分体系的分类。

涵盖了专业评审、设计评论、参与度、适应力和复原力、可持续发展意识、社区参与和治理、环境管理、健康积极的生活、社区发展、可持续建筑、文化、遗产与身份、便利设施的步行通道、新鲜食物的获取、安全、社区投资、负担能力、就业和经济弹性、教育和技能发展、投资回报率、奖励计划、数字基础设施、高峰用电量减少、综合水循环、温室气体战略、材料、可持续交通运输、可持续发展场所、生态价值、废物管理、热岛效应、光污染、创新等诸多方面内容。

新加坡 BCA Green Mark[2]

BCA 绿标体系提供了一个综合性的评价框架，鼓励开发商、设计师团队在新建项目中采用绿色可持续建筑技术，促进节能、节水目标实现，营造舒适健康的室内环境。对于已建建筑，鼓励建筑产权人和使用者制定可持续的运营目标，减少在建筑全生命周期内对环境以及人员健康的不利影响。

BCA 区域绿标（BCA Green Mark for Districts）的评估指标涵盖 6 方面内容，包括能效和水资源管理、材料和废弃物管理、环境规划、绿色建筑和绿色交通、公众参与和创新，并细分 38 个子项内容进行评价。提倡安全、高品质、可持续、和谐的建造环境。

中国

中国经历了改革开放 40 多年的快速发展，绿色建筑的建设、生态城区的建设在城市化进程中不断推进。绿色评估、建设导则等也从单一的绿色建筑评价体系向绿

---

1 澳大利亚绿色社区（Green Star Communities）评价标准是由澳大利亚绿色建筑委员会（GBCA），与市场中的各级政府、公共部门和私营部门的开发商、专业服务机构、学术界、产品制造商和供应商紧密结合制定的评级工具。
2 BCA 是新加坡建设管理局 The Building and Construction Authority 的简称，隶属于国家发展部的政府机构。BCA Green Mark Scheme 是由新加坡官方机构认证的绿色建筑评价体系。于 2005 年 1 月颁布，随后不断补充完善。

色社区、住区评价体系扩展。

中国的绿色建筑、区域评估体系呈多元多视角发展，多种形式并存。有《绿色建筑评价标准》（GB/T 50378—2019）、《中国绿色低碳住区技术评估手册》、《可持续发展绿色住区建设导则》、《绿色住区标准》（T/CECS 377—2018；T/CREA001—2018），以及国家标准《绿色生态城区评价标准》（GB/T 51255—2017）等。多个标准随着我国生态文明建设和建筑科技的快速发展持续修订。同时，许多城市也从自身的地域特点出发对绿色城区建设制定了评价标准和指导细则，如上海市《绿色生态城区评价标准》（DG/TJ 08—2253—2018）和《绿色生态城区试点和示范项目申报指南》等。

《绿色建筑评价标准》（GB/T 50378—2019）为国家现行绿色建筑评价标准。绿色建筑评价标准从2006年开始实施，经历了2014版修订，在此基础上又根据当前社会需求和技术发展进行了修编。现行标准重新构建了绿色建筑评价技术指标体系，从安全耐久、健康舒适、生活便利、资源节约、环境宜居5类指标对民用建筑绿色性能进行评价。

《中国绿色低碳住区技术评估手册》[1]评估内容涵盖住区规划与住区环境、能源与环境、室内环境质量、住区水环境、材料与资源、运行管理六个子项，并将二氧化碳排放量作为评价指标。

《可持续发展绿色住区建设导则》[2]从城市开发、住区规划、居住舒适度以及节能减排、环境保护等层面，多角度地确立了绿色人居的具体执行指标，整个体系分为可持续建设场地、城市区域价值、住区交通效能、人文和谐住区、资源能源效用、健康舒适环境、全寿命住区建设等内容。

《绿色住区标准》[3]包括场地与生态质量、能源与资源质量、城市区域质量、绿色出行质量、宜居规划质量、建筑可持续质量、管理与生活质量和绿色住区评价等内容，为引领绿色宜居住区建设提供了发展路径。

《绿色生态城区评价标准》[4]适用于绿色生态城区的评价。以因地制宜为原则，结合城区所在地域的气候、环境、资源、经济及文化等特点，对土地利用、生态环境、绿色建筑、能源与资源、绿色交通、管理与信息化、产业与经济、人文、创新等指标，

---

[1] 《中国绿色低碳住区技术评估手册》是由清华大学、建设部科技发展促进中心等单位编写的一个有关绿色低碳住区的评估手册，2011年出版。
[2] 《可持续发展绿色住区建设导则》2011年出版，由中国房地产研究会人居环境委员会编写。
[3] 《绿色住区标准》（T/CECS 377—2018、T/CREA001—2018）是由中国房地产研究会人居环境委员会等单位对原2014版标准进行修编。
[4] 《绿色生态城区评价标准》（GB/T 51255—2017），是由中国城市科学研究会编制。

分性能权重进行综合评价，突出了绿色生态城区的特点。

上海市《绿色生态城区评价标准》[1]评价指标，包括选址与土地利用、绿色交通与建筑、生态建设与环境保护、低碳能源与资源、智慧管理与人文、绿色产业与经济、提高与创新等内容。于2019年又编制完成了《上海绿色生态城区评价技术细则》，对评价内容和评价方式做了细化，为绿色生态城区评价工作提供更为具体的技术指导。

可以看出，这些绿色建筑、城区的评价标准和建设细则的陆续出台，为可持续城市发展的实践提供了基础和行动指南，引导更多的项目成为绿色建筑和绿色城区。据统计，截至2020年12月，累计国家绿色建筑评价标识2.47万个，建筑面积超过25.69亿 m^2 [2]；LEED中国项目认证3060个，项目总面积11546.9万 m^2 [3]；BREEAM中国认证建筑达680座，认证项目达136个，总认证面积超过1300万 m^2 [4]。

同时绿色的评价准则也随着时间的推移，不断完善，在发展中去伪存真，实现城市建设低碳、绿色的可持续发展目标。

---

1 上海市《绿色生态城区评价标准》（DG/TJ 08—2253—2018），是由上海市住房和城乡建设管理委员会负责管理，由中国建筑科学研究院上海分院和上海市建筑科学研究院等单位编制。
2 《2020中国绿色建筑市场发展研究报告》在第十二届中国房地产科学发展论坛上正式发布。Resource：https://mp.weixin.qq.com/s/0zI985sw_KMAWV7UlgLdVA
3 https://mp.weixin.qq.com/s/5t7g4e2oJUWZP5AlgW9Bqg
4 http://igreen.org/index.php?m=content&c=index&a=show&catid=15&id=13415

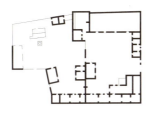

新疆维吾尔族传统民居

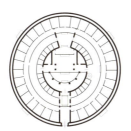

福建民居

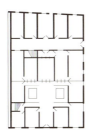

上海里弄

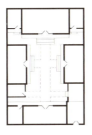

北京四合院

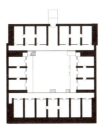

山西窑洞

图 1-2 徽派建筑、窑洞、江南水乡、福建土楼——传统建筑与自然环境的共生（图片来源：视觉中国）

图 1-3 应对不同气候条件下的居住空间（课题组王欣整理绘制）

1.3 实践认知+基于城市可持续发展的行动

历史启示

纵观中国历史，可持续的建筑观可谓渊源深厚。中国传统文化崇尚的敬天、顺天、法天、同天的原始生态意识，使人们逐渐形成了尊重自然因地制宜的建筑观。从南到北出现了一大批与地域气候环境相适应的建筑和建筑群。陕北的窑洞、安徽的民居、福建的土楼、江南的街弄、北京的四合院等都是和自然相结合的节能建筑的范例。中国的园林同样作为营造舒适环境的重要途径，通过建立与建筑室内光照和通风的良好关系，实现建筑与自然的和谐共生。西面墙上的攀爬植物可用于遮阳，建筑南侧种植落叶型的乔木，不仅夏日枝叶繁茂，可以遮阳，秋日落叶后稀疏的枝干也可使冬日的阳光充分照射到室内，既赏心悦目，又可以调节气候。

类似的例子不胜枚举。这是一种主动适应自然环境，在当时历史条件下的人类思考，是一种群体对自然的理解和尊重，是一种从无意识到有意识的行动过程，是一种自觉的建筑实践。古代的智慧，为我们今天的可持续发展行动提供了价值取向和方向（图 1-2，图 1-3）。

低碳城市（2030/2040/2050）

随着低碳城市发展思想的兴起，越来越多的城市将可持续的绿色发展定位在城市整体综合发展上，把建设重点放在如何实现城市系统的可持续发展目标上，低碳城市、生态城市的实践也在不断推向深入。纽约、伦敦、悉尼、巴黎、东京、上海等城市，都因地制宜地相继提出了城市

纽约 2040　　悉尼 2030　　巴黎大区 2030

首尔 2030　　东京 2040　　上海 2035

2030 年、2040 年的整体可持续发展目标（图 1-4），有些城市的发展目标编写到了 2050 年。

"纽约 2030/2040/2050" 规划

纽约市于 2007 年地球日颁布了《2030 更绿色、更美好的纽约》发展规划，在 2007—2009 年期间逐步制定实施细则，并于每年进行一次检测，形成报告。

2011 年 4 月，针对该规划付诸实施 4 年后的实际情况，提出了改进意见，形成了新版规划。围绕纽约市面临的挑战和城市健康发展需求，从土地、水、交通、能源、空气、气候变化等方面提出 2030 年的发展目标。包括控制土地价格，提供可持续住房的套数；提供 10 分钟步行可达的开放空间网络，通过提高换乘能力来

图 1-4　全球城市 2030/2040 发展规划（图片整理自：http://www.jt12345.com/article-1813-1.html）

改善出行耗费时间，工业用地的再利用等，以及供水安全和水质量的保证，提供清洁能源、降低温室气体排放，实现成为美国空气质量最清洁的城市之一等具体目标。

2015年发布"纽约2040"规划，进一步强化了城市的公正和发展的关系，包括就业机会、最低工资标准、高薪岗位数量、学前教育、住房保障、交通改善、犯罪率降低、基础设施建设。同时在规划中明确了，在经济和人口显著增长的情况下温室气体的排放量降低的约束指标，既促进发展活力，又适应气候变化。

2019年发布的"纽约2050"规划，针对城市面临复杂问题，提出综合解决方案。包括经济活力、社区建设、教育公平、医疗保障、气候宜人、出行便利高效、基础设施重修等内容。

尽管国家层面有时不遵守"巴黎协定"，但是纽约作为国际化的大都市，在规划中依然将应对全球气候危机作为主要内容，从建筑到街道的各方面去减缓全球气候变暖，鼓励步行、骑行和公共交通等出行方式，采用更加环保的小汽车等。还对实现碳中和，减少塑料、聚苯乙烯制品、一次性物品的使用，减少依赖化石燃料，采用清洁电力、提高可再生能源供给水平做了具体规划。展现了应对气候变化的行动与包容性经济增长之间的可持续关系。

悉尼2030

悉尼2030发展目标是转型成为一个绿色、全球化和互通的城市。

规划制定了城市健康转型的行动纲要，除保障住房、就业岗位，增加金融、高级商业服务、教育、创造性行业、旅游等特色行业经济发展优势的同时，对于城市设施的可持续性也做了具体规定，以鼓励人们形成健康的生活方式和出行方式，如居民可以在10分钟时间内（800m）步行到有新鲜食物市场、托儿所、保健服务和休闲、社交、学习和文化设施的大街；在3分钟时间内（250m）经畅通的绿色通道步行抵达海港前滨、海港公园、摩尔和百年纪念公园或悉尼公园；提高去市中心上班人士使用公共交通的比例达到80%；城市交通通勤至少10%的出行是自行车、50%是步行等。

同时在规划中，也特别编制了应对气候变化的行动框架和目标，如相较于20世纪90年代的水准，到2030年，市区减少50%温室气体排放，到2050年减少70%温室气体排放。在一系列可持续发展策略的引领下，各项规划目标逐步落地实施。

伦敦 2030

伦敦 2030 规划目标是建设一个以人为本、繁荣、公平、便捷、绿色的城市，为居民和企业创造更多机会，提供高标准的环境品质和生活质量，在处理气候变暖、改善环境方面成为世界城市的领跑者。

规划制定了整合的经济、社会、环境发展计划，包括城市空间、人口发展、经济发展、环境可持续、交通治理、公共空间、规划实施等。提出满足经济和人口的增长需求的同时，对每位市民提供安全和便利的就业机会和设施，建设多样化、健康、安全、可达性高、易于接近的邻里社区，营造优美的城市景观环境，实现低碳发展的目标等。

首尔 2030

首尔 2030 规划，以"绿色展望"为主题，提出了基于低碳、绿色增长的总体计划。

规划将城市的绿色发展作为主要内容，强化人文导向、绿色措施。紧紧围绕城市可持续发展的综合目标，细化至相关行业和领域，如通过改善能源使用效率、增加 20% 的可再生能源的使用、增加绿色技术的投资、落实 10 个方面的绿色技术、创立 100 万个与绿色技术相关的就业岗位等具体措施，实现比 1990 年降低 40% 的温室气体排放的具体目标。

东京 2040

2000 年以后，东京相继编制了多版城市发展战略规划和不同层级的行动指南。通过零碳计划，力求将美丽清洁的水、绿色植物和空气传承给子孙后代。

2017 年 9 月颁布东京 2040 城市总体规划。包括城市建设的作用、21 世纪 40 年代的社会状况和市民活动意象、日本在世界上应该发挥的作用、新的城市形象、城市发展战略和具体举措、重点地区的未来形象、政策和协作机制等几部分内容。同时通过制定三十项空间政策，支撑城市发展战略的实现。2019 年 12 月东京都政府发布"未来东京"战略构想，其中对 2030 年的东京和 2040 年的东京做了系统的描述，包括面向 2030 年的二十条战略，面向 2040 年的二十项展望。

这些战略规划和实施规划，都涵盖了以技术革新为动力的可持续发展的议题。包括，以可再生能源为主要能源的零排放住宅和办公场所、二氧化碳排放量逐年降低、零排放汽车的普及、二氧化碳的捕获、使用和储存新技术的采用，以及塑料产品使用遵循 3R 原则[1]、减少食物损失等措施，实现可持续资源利用，从而在制造、分销和处置阶段减少二氧化碳排放。

通过这些应对气候变化的能源与环境技术的创新举措，增强城市适应能力，到 2050 年力争实现近乎零二氧化碳排放量，实现可持续循环利用，成为一个可持续发展的零碳城市和吸引世界各地人们投资的城市。

上海 2035

上海 2035 规划[2]，全面落实创新、协调、绿色、开放、共享的发展理念，明确了上海至 2035 年的发展目标、发展模式、空间格局、发展任务和主要举措，并展望至 2050 年的总体发展远景，以此引领上海成为卓越的全球城市和令人向往的创新之城、人文之城、生态之城。

上海 2035 由概述、迈向卓越的全球城市、紧约束下的睿智发展、网络化多中心的空间体系、更具活力的繁荣创新之城、更富魅力的幸福人文之城、更可持续的韧性生态之城、规划实施保障等八部分内容组成。描述了建成国际经济、金融、贸易、航运中心和具有全球影响力的科技创新中心的基本框架、实施路径、建设举措[3]。

第七部分，专篇提到应对全球气候变暖、极端气候频发等环境问题的发展目标。针对当前生态空间被蚕食，城市游憩空间相对匮乏，环境质量下降等问题，制定了坚持节约优先、保护优先、自然恢复为主的原则，推进转变生产生活方式；推进绿色低碳发展，建设多层次、成网络、功能复合的生态空间体系；推进政府为主导、企业为主体、社会组织和公众共同参与的环境治理体系。

在降低碳排放方面，制定了约束性指标，提出了具体举措。通过集约发展、优化能源结构，降低建筑和产业能耗。发展绿色交通，保护生态区域，完善市域生态环廊，建设碳汇空间，逐步实现低碳发展。全市碳排放总量与人均碳排放量 2025 年前达到峰值，至 2035 年，控制碳排放总量较峰值减少 5%。万元生产总值（GDP）能耗控制在 0.22t 标准煤。至 2035 年，确保市域生态用地（含绿化广场用地）占市域陆域面积比例达到 60% 以上，森林覆盖率达到 23% 左右，河湖水面率达到 10.5% 左右，全面提升城市生态环境品质。

1　3R 原则：减少原料（reduce）、重新利用（reuse）和物品回收（recycle）。
2　2017 年 12 月，《上海市城市总体规划（2017—2035 年）》（简称"上海 2035"）获国务院批复。2018 年 1 月，由上海市政府发布。
3　上海市规划和国土资源管理局. 上海 2035 迈向卓越的全球城市[M]. 上海：上海科技出版社出版，2015.

通过 2035 规划，上海探索超大城市睿智发展的转型路径，成为高密度超大城市可持续发展的典范。

低碳城市发展趋势

全球越来越多的城市将实现城市生态城区的建设与城市发展动力相结合，越来越多的具有示范意义的低碳城市、生态城区的规划建设实践也逐步落地，分步建成，如德国汉堡的港口新城（Hafen City）、瑞典马尔默市的西港新城（Western Harbor）、阿布扎比的马斯达城（Masdar City）等（图1-5）。

中国自 2006 年开始执行绿色建筑标准，在推进城市可持续发展方面，从设计规范的编制，到各项可再生能源的应用；从单体绿色建筑的设计，到生态城区建设等都有所突破。

德国汉堡港口新城（Hafen City）

中国天津中新生态城（SSTEC）

阿布扎比马斯达城（Masdar City）

巴西库里蒂巴（Curitiba）

瑞典马尔默西港新城（Western Harbor）

上海东滩生态城

图 1-5 全球低碳生态城区建设（图片依次整理自：http://www.urcities.com/topic/20160713/22797.html；http://www.tianjineco-city.com/planning/Planning.html；http://www.archreport.com.cn/show-11-3229-1.html；http://enjoy.caixin.com/2013-11-27/100607983.html；The International Center for Creativity and Sustainable Development；http://www.u80news.cn/display.asp?id=8307&amp.）

在中国"十二五""十三五""十四五"发展规划中，将绿色低碳作为城乡建设转型发展的基本原则之一。从第十二个五年发展规划开始，明确建设发展低碳生态城市的目标开始，几年中就从最早的 13 个示范城市扩展到 140 多个城市的积极实践探索，目前已成为中国城镇发展的最重要内容之一。留得住山、看得到水，各时期规划都将绿色生态低碳发展纳入目标，期间陆续出台了相关管理内容，推进着低碳生态城市的建设发展。2010 年 8 月的"国家低碳省区和低碳城市试点启动会"、2012 年 10 月《关于加快推动我国绿色建筑发展的意见》、2013 年 3 月的《"十二五"绿色建筑和绿色生态城区发展规划》、2015 年 12 月的"中央城市工作会议"、2016 年 8 月的《住房城乡建设事业"十三五"规划纲要》以及"十四五"等一系指导性文件。这些规划纲要的发布，对绿色、低碳、生态城市的建设提出新要求，对城市发展注入了新的动力，促进了城市发展方式的转变，即从粗放型、速度型向质量型、品质型转变，城市的发展更强调对自然的尊重、对历史的传承、对绿色低碳等理念的知行合一。

可以看到绿色低碳发展已成为城市发展的重要内容之一，并伴随着城市的发展阶段，逐渐被视为城市综合竞争力的核心指标之一。世界各城市也将建设的重点放在了如何实现城市整体的可持续发展方面，可持续发展理念通过大量的节能建筑实践、绿色建筑实践，发展到可持续发展的城市理念，并在政策驱动下，逐步由单体的绿色建筑向整个城市的可持续发展转变。

今天，低碳绿色理念和技术的应用已经成为建筑设计的基本内容，并在绿色科技进步的推动下，应用范围越来越广泛，成效越来越大。同时，"创新、协调、绿色、开放、共享"的城市发展，尚还需要在各专业领域不断的理论探讨和实践，以实现中国"十四五"发展规划中特别提到的"碳达峰""碳中和"的发展目标。

第 2 章

低碳社区的城市设计

社区是城市生活的基本细胞,
它不仅承担了社会学意义的人文交往和政治治理等概念,
还承担了从建筑到城市的职能过渡,是营造城市活力的空间场所。
同时,
它也是城市能源消耗和碳排放的消耗载体,
是应对气候变化的重要行动单元,
是实现城市可持续建设目标十分关键重要的中间层次。
将社区建设成低碳绿色社区,对减少环境污染、创造舒适环境起到
至关重要的作用。

> 低碳绿色社区，
> 就像是一曲灵动的交响乐，
> 谱写自然、人文、能源、交通，
> 以及社会治理的协奏曲。

2.1 低碳社区的城市设计意义

"社区"既具备一定的行政区划属性，又具备一定的物质空间属性，还具备一定的精神归属寄托属性。

社区理念与地域、习性、共同认同相联系。1955年美国学者G.A.希莱里（George A.Hillery）对社区进行研究，他在对90多个社区定义表述的比较研究中，发现大多的表述都包括地域性、共同的认同性、社会交往性的含义，这三者构成社区必不可少的最重要的要素。涉及地理、经济、交往，即把社区视为生活在同一地理区域内、具有共同意识和共同利益的社会群体。社区又与一定的行政区划治理密切相关，上海和一些城市在探索大城市管理体制的"两级政府、三级管理"时，将社区理念与街道辖区管理挂钩，街道工作的重点之一就是社区管理[1]。因此，社区成为研究一定管理区划下，一定规模的建筑组成城市空间的对象，是城市设计研究的主要对象之一。

---

[1] 张冬冬.中国城市政府管理体制的结构性突破：以上海市"两级政府、三级管理"体制作为研究对象.城市学研究[J]，2015（1）：110-115.

同时，社区作为城市生活的基本细胞，它还是城市能源消耗和碳排放的主要载体，从某种意义上讲，"社区"是城市应对气候变化的重要行动单元，也成为城市设计解决城市可持续发展的主要对象和途径。

从城市设计起源来看，城市设计伴随着城市的发展而兴起，在不断解决社会问题中发展完善。学者王建国在《城市设计》一书中定义城市设计，意指人们为某种特定的城市建设目标所进行的对于城市外部空间和建筑环境的设计和组织[1]。中国在20世纪80年代初，开始提出城市设计课题，并开展了一系列卓有成效的设计实践。西方现代城市设计在经历了早期工业城市解决城市健康卫生问题，到反思推土机式的开发模式，总结传统城镇的建设经验、关注人文传承，一直在不断地发展和充实。在当今反思全球环境危机的背景下，整体环境优先、可持续发展理念和社会安全健康已成为新的时代需求，与之相应，城市设计的理论思考和方法也在不断地探索和完善。

王建国先生曾说，"除了城市空间形态及其特色，今天的城市设计还面临全球环境变化而引发的种种挑战，它不仅要面对城市居民对环境的要求，而且要为全球环境的健康和可持续发展而设计[2]。"城市设计已成为解决城市环境问题的重要技术抓手，在"社区"这一重要行动单元的层面，城市设计有着许多值得探讨和研究的课题。

因此，基于实现低碳目标，从城市设计视角，将社区作为研究和实践重点，具有实现城市可持续发展的重要战略意义和积极作用，这也有益于城市设计在环境健康和可持续发展方面的实践充实和完善。

2.2 低碳社区的城市设计

城市设计是营造城市美好空间和形态的重要手段。学者卢济威在《城市设计机制与创作实践》一书中强调，"真实的世界中的所有事物，都是处于相互交叉的复合状态，城市也一样，是一个错综复杂的复合体，既有确定的有序的一面，也有随机和无序的另一面；既有可度量的因素，也有很多无法度量的因素，系统中的各要素是相互渗透、混合重叠的[3]。"城市设计关注这些城市各个要素的系统整合，"城市设计的创作主要建立在要素的关系组合上[4]"。

---

1 王建国. 城市设计[M]. 北京：中国建筑工业出版社，2009.
2 同上.
3 卢济威. 城市设计机制与创作实践[M]. 南京：东南大学出版社，2005.
4 同上.

低碳社区的城市设计内涵

它不仅包括空间形态的优化、空间品质的提升、空间环境的保护、空间场所的塑造、产业的促进等关系的整合，还在于对于城市可持续发展的内涵的研究和实践，在建立城市各要素关系组合上，明晰减少碳排放、降低能耗的城市设计内容，增加能源使用效率和提升空间效益等可持续发展的内容诠释。即在城市设计阶段注入低碳设计的理念，将可持续的发展内容，作为城市设计重要的资源整合内容，纳入城市设计的主要关系整合过程，在营造城市空间和形体的同时，将设计聚焦在低碳城市发展上，建立以被动式设计为主，主被动技术相结合的整合设计策略，形成区域整合一体的设计理念和方法（图2-1a）。

这一设计过程，不仅设计建筑和城市空间的关系，而且要从能源、资源优化利用等多维度，将影响社区的各组成元素，用城市设计的方法"串联"整合起来。

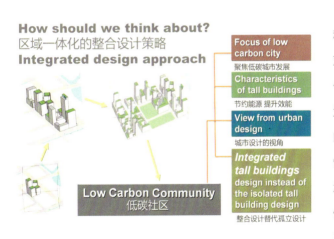

这个"串联"的过程，在城市设计上定义为对区域资源的有效配置，包括场所空间的有效配置、功能混合的能效互补的配置、建筑布局的怡然舒适配置、历史文脉的继承发扬配置、交通体系的低碳健康配置，以及从社区层面组织好、使用足单体建筑的能效特征与废物再利用的配置，社区公众参与度的配置（图2-1b），以期促进有效减少碳排放量的健康生活方式的空间场所的形成。

将能源使用、碳排放等可持续发展的内容纳入城市设计的整合要素，进行城市设计创作，形成独特的、整合一体的低碳社区城市设计的理念和方法。

图2-1a 低碳社区的区域一体化的城市设计策略
图2-1b 低碳城市设计内涵
（课题组绘制）

低碳社区的城市设计目标

通过有效的低碳社区的城市设计，实现低碳绿色社区的城市设计目标，即在建筑全生命周期内，通过在一定规模区域内，进行城市设计视角下的多维整合，实现比之前的社区整体环境质量明显提升、能源使用效率明显提高、综合能耗明显降低、对周围气候环境影响明显减少的可持续发展社区（图2-2）。

低碳社区的城市设计尺度

"城市设计的对象范围很广，从整体城市的空间形态到局部的城市地段，如市中心、街道、广场、公园、居住社区、建筑群，乃至单栋建筑和城市景观细部"[1]。

我们从基于整体城市空间层级和实现绿色生态目标层次上，来界定低碳社区的设计尺度，可以将其分成宏观层面的低碳生态城市、中观层面的低碳绿色社区、微观层面的绿色节能建筑等不同尺度（图2-3）。

低碳社区的城市设计属于城市的中观层面。

中观层面的低碳绿色社区的设计尺度和特征，在空间上是指城市中具备综合复合功能的、具有一定规模的城市片区。通常由几个到十几个街坊组成，具有主导和协同关系的多种功能混合的城市区域。

它是微观绿色建筑和宏观低碳生态城市之间的关键衔接层次，正如玛丽昂·罗伯茨和克拉拉·格里德在《走向城市设计——设计的方法和过程》一书中所分析归纳（图2-4）。

图2-2 低碳社区的城市设计目标示意（课题组绘制）

图2-3 低碳社区的城市设计尺度示意（课题组绘制）

图2-4 低碳社区城市设计的尺度（资料整理自：罗伯茨，格里德.走向城市设计：设计的方法和过程[M].马航，等译.北京：中国建筑工业出版社，2012）

---

1 王建国.城市设计[M].北京：中国建筑工业出版社，2009.

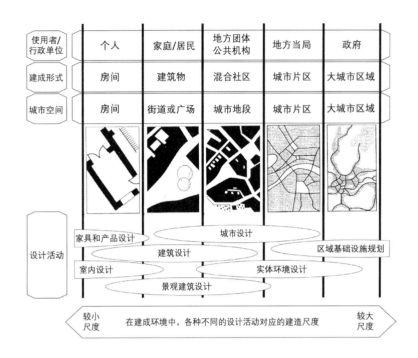

低碳社区的城市设计生态价值观

基于能源和资源有效配置的城市设计视角，在传统城市空间形态及其特色之外，拓展了城市设计对于可持续发展的设计内容，表现了城市设计的多维特征，即对"环境、人文、能效、经济、社会"等多方面进行研究和实践。在实践中需要建立共同的价值目标取向，来指导整合一体的城市设计过程。

从众多的各国实践和评估内容看，尽管在主要内容、要素指标等具体内容上各有侧重，但无一例外地呈现出低碳社区"多元并置、整合增效"的特征。如我国的《绿色生态城区评价标准》、美国的 LEED-ND、德国 DGNB Urban Districts、英国 Bream Communities、新加坡 Green Mark Districts、澳大利亚 Green Star Communities 等，都涉及场地选择、生态保护、绿色交通、公共空间质量、功能布局、建筑单体、节能、水资源、文脉传承、废弃物、运维、管理和公共参与、当地经济、施工与节材、设计与创新等综合评估指标，以及相应的诸多子项要素。

在各国低碳社区的评价指标和各国低碳城市的建设目标中，均蕴含着共性，存在着共同的目标取向。如步行范围内的街区规模，功能混合的土地使用，空地和既有土地的再利用，多样化的居住者构成的平衡社区，提高能源利用率和降低能耗，促进公交优先和便捷利用，重视公共空间，形成中高密度的人口规划，形成城市的活力与魅力,形成多核心的城市结构,等等。

这呈现出低碳社区的可持续发展的核心价值内涵。我们将其总结归纳定义为"低碳社区城市设计的生态价值观",即低碳社区的自然和人文环境的生态观、能源使用和能效互补的生态观、健康生活方式和社区治理的生态观。三大生态价值观作为我们城市设计重要价值取向,指导着城市设计实践(图 2-5)。

2.3 低碳社区城市设计的"5+"维度策略

紧紧围绕以上核心生态价值观,将低碳社区的城市设计主要聚焦在影响社区低碳表现的自然、人文、能源、交通、公共参与等方面,包括善用和尊重天然条件与人文环境;以全新的视角分析不同功能类型的建筑能效的关系,建立功能混合的科学比例;促进低碳健康的出行方式的交通体系;提升社区管理的公众参与能力。

我们将低碳社区城市设计归纳为"5+"维度,即"基于自然环境及基地原貌特征的设计维度、基于社区人文需求的场所设计维度、基于社区能源高效利用的设计维度、基于低碳生活方式的绿色交通设计维度,以及基于社会公平的低碳社区公众参与设计维度"等,形成人与自然、人与历史、人与人之间的协调关系,展现富有生机的低碳绿色社区设计营造之途径(图 2-6)。

图 2-5 低碳社区核心价值观(课题组绘制)

图 2-6 低碳社区城市设计的"5+"设计维度(课题组绘制)

维度1 基于场地自然环境及基地原貌特征的设计维度

基于场地自然环境及基地原貌特征的设计维度，以"自然环境的生态"为价值内涵，在尊重自然环境生态基础上提炼而得。

城市设计关注基地中的各种自然要素的价值，以基地所处的当地环境为背景，根据基地内所呈现的自然原貌特征，最大限度地保护自然，主动将各种自然要素纳入城市系统的组成，从宏观，到中观，再到微观的整体系统之中，进行整合设计。

这一设计维度基于基地自然环境特征，从对保育生态安全的回应、对气候的回应、对地形地貌的回应、对植被水文的回应、对土壤资源的回应等五个方面进行有效的城市设计整合，归纳总结了"以综合因子影响为引导的场地选择，与地域环境紧密结合的场地建筑布局，结合地形土方控制的场地竖向设计，保育现状植被和水文特征的场地景观塑造，保护表层土增加透水表面的场地处理"等5个设计策略和12项具体的设计引导。

尊重社区自然环境及基地原貌特征的城市设计技术策略是促进城市可持续发展的重要保障之一。这一维度的具体设计内容将在第3章结合设计案例进行进一步的阐述。

维度2 基于社区人文特征和需求的场所设计维度

基于构建社区人文特征及人文需求的场所设计维度，是以"人文环境的生态"为价值内涵，建立尊重社区人文历史环境的城市设计的技术路径，保障社区人文场所的营造。

低碳社区的城市设计强调的可持续，包含着人与建成环境彼此交互协调。那些蕴含城市文化特性、承载着公众活动的街区、广场、巷弄等公共活动空间，是富含人文精神的场所，这些场所精神以及在其中发生的城市活动和生活，满足着城市的人文需求，焕发着城市的活力。

城市设计需充分利用基地中的各种人文要素的价值，以基地所处的历史环境为背景，根据基地内所呈现的人文特征，最大限度地保护和发扬文化，并将其作为城市系统的重要组成部分纳入整体系统中，开展城市设计的整合，包括功能混合的活力、社区空间组织的凝聚、历史的传承与发展等内容。这一设计维度从社区功能混合与场所活力激发、社区空间的组织与场所活力的集聚、社区建筑的新老兼容与场所文脉延续等三个方面进行有效的城市设计整合。归纳总结了"激发场所活力多样化的社区功能混合、集聚场所活力能量的社区空间组织、活化场所文脉的社区空间生长"3个设计策略和9个具体的设计引导。

这一维度将在第4章结合设计案例进行进一步的阐述。

维度3 基于能源高效利用的设计维度

基于提升社区能源使用效率的低碳社区设计维度以"能源使用的生态"为价值内涵，建立科学合理的基于能源高效利用的功能混合比例、社区布局等。

较低的能耗使用和高效的能源利用是低碳社区的一个重要标志，从社区层面，通过充分利用可再生能源，建构合理适宜的建筑物理环境，并从一个全新的能源使用效率角度，考虑不同功能建筑之间的用能互补与平衡等，来形成一个能源使用高效节约、降低社区二氧化碳排放的合理功能混合社区。

基于不同功能类型建筑的能源使用特征，利用城市设计的整合技术手段，从社区能源高效利用与社区功能混合、布局形态、用能模式等方面，提出"基于能源高效利用的社区功能混合；基于减少社区用能需求的社区形态；基于提高能源综合利用效率的社区用能模式"等3个设计策略，并深化探讨其中具有设计实践价值的10个具体的设计引导，形成导则。

这一维度将在第5章中结合设计案例进行进一步的完整阐述。

维度4 基于社区低碳生活方式的绿色交通设计维度

基于社区低碳生活方式的绿色交通设计维度以"公共生活和行为的生态"为价值内涵。"绿色交通+绿色出行"既体现一种生活方式，也是实现"交通碳源碳排放减排"的行动。这一维度为倡导并实现低碳健康生活方式提供了基础，也为营造健康舒适的交通空间提供了可能。

基于绿色出行方式，结合案例依次从绿色交通与土地利用模式、慢行系统、管理等方面，归纳了"强化以公共交通和慢行交通为导向的城市土地利用模式；完善公交系统，强化公共交通的革新与优先权；强化慢行系统与公共交通的有效衔接，建立多模式交融的综合体系；构建人性化的城市社区慢行系统；建构绿色交通建设的社区管理机制"等5个设计策略及15个具体的设计引导，以期建构出行安全、健康、便捷的城市。

这一维度将在第6章结合设计案例进行进一步的阐述。

维度 5　基于社会公平的低碳社区公众参与设计维度

基于社会公平的低碳社区公众参与设计维度是以"社区治理的生态"为价值内涵。低碳社区的建设离不开民众参与，居民作为社区的第一使用者，对如何高效利用资源、保护生态等都有着最直观的感受和最富有成效的行动力。每一个人的低碳行动以及在社区层面对公共参与的机制研究也同样意义重大。

基于这一维度特征，从公众参与机制、宣传途径、参与激励等方面，归纳了"倡导多方协作的公众参与机制建设、普及公众低碳意识的多样化途径创新、建立共建共享的公众参与社区激励"等 3 个设计策略和 11 个具体的设计引导。通过因地制宜地增补与完善，进一步提高社区公共参与的意识，以及加强公众参与机制、方法和路径的建设。

这一维度将在第 7 章结合设计案例进行进一步的阐述。

"19+"设计策略和"58+"设计引导

围绕"5+"设计维度，通过实际的项目实践，共形成了以下"19+"的设计策略，围绕"19+"设计策略，形成"58+"设计引导，以期对不断持续的城市设计实践进行引导支撑（表 2-1）。

结语：本书基于城市设计的视角，将研究和实践聚焦在低碳发展的中观层面，建构低碳社区城市设计的整体框架。它包括确立低碳社区的城市设计的内涵、目标和价值观，提出了 5+ 设计维度，并根据不同设计维度的内容，通过实际设计项目的设计，细化 19+ 的城市设计策略和数十项的城市设计引导。

这些策略和引导是实现低碳社区的重要途径，是对可持续发展的积极回应，是可落地、可实施、可操作、可推广的设计方法。对于可持续发展背景下的城市更新和新区建设，特别是对国家"十四五"发展规划中提出的"碳达峰、碳中和"目标的实现，应具有理论与实践引导的积极意义。

同时，它还是一个开放的体系，5+、19+、58+ 的定义，成为一个研究和实践互为验证和补充的过程，并不断积累、不断扩充、不断升级。

表 2-1

设计维度	设计策略	设计引导
维度 1 基于场地自然环境及基地原貌特征的设计维度	策略 1 以综合因子影响为引导的场地选择	A. 基于综合环境敏感度的分区，确定开发模式分区 B. 结合"绿廊""蓝廊"，强化公共空间架构 C. 借助立体绿化，提升高密度城区的生态环境品质
	策略 2 与地域环境紧密结合的场地建筑布局	A. 优化建筑组群布局，改善微气候环境 B. 精细化处理气候极端点位的总体布局，提升社区微气候品质
	策略 3 结合地形土方控制的场地竖向设计	A. 利用土方最优原则，塑造地貌的景观特征 B. 结合地形竖向，营造景观的地貌特征
	策略 4 保育现状植被、水文特征一体化的场地景观塑造	A. 保护原有植被，实现新场地生态环境特色 B. 结合场地环境水文特征，保护生态排水系统 C. 采用建筑雨水断接，减缓社区雨水排放
	策略 5 保护表层土、不透水表面最小化的场地处理	A. 运用建筑合理架空，保护场地表层土 B. 关注固废的再利用，降低碳排放
维度 2 基于社区人文特征和需求的场所设计维度	策略 6 激发场所活力多样化的社区功能混合	A. 优化"主、辅"的功能混合，实现场所活力的可识别性 B. 拓展四个维度的功能混合，释放场所活力的时空特征
	策略 7 集聚场所活力能量的社区空间组织	A. 整合地上地下功能，构建立体化的活力界面 B. 对接资源点与资源点，形成步行主干脉络 C. 捕捉步行汇聚节点，形成特色"热点"区域 D. 组织地上地下衔接，塑造"都市核"公共空间节点
	策略 8 活化场所文脉的社区空间生长	A. 织补空间肌理、展现文脉特色 B. 整合新旧要素、强化文脉底蕴 C. 活化老建筑，营造城市名片与魅力社区
维度 3 基于提升社区能源使用效率的设计维度	策略 9 基于能源高效利用的社区功能混合	A. 倡导社区用能时间互补的功能混合，减少项目用电负荷峰谷差 B. 优化社区用能特征互补的功能混合，促进能源互补利用 C. 发挥社区功能规模效应，促使"废物"规模化再用 D. 基于用能多因子评价方法，指导选择最佳社区功能混合配比
	策略 10 基于减少用能需求的社区形态	A. 结合周边环境调整建筑布局朝向，形成遮阳型外部空间与建筑形态 B. 控制道路宽度，形成社区节能型街道 C. 权衡判断建筑太阳辐射得热，选择合适的建筑总体空间布局 D. 优化室外建筑空间布局，改善风环境和建筑自然通风 E. 改善室外热环境影响因素，降低热岛效应
	策略 11 基于提高能源综合利用效率的社区用能配置	A. 合理设置社区能源中心，提高能源利用效率 B. 整合太阳能与建筑一体化设计，实现太阳能规模化应用 C. 结合气候环境及场地条件，采用合适的方式获取环境热资源

续表

设计维度	设计策略	设计引导
维度4 基于社区低碳生活方式的绿色交通设计维度	策略12 强化以公共交通和慢行交通为导向的城市土地利用模式	A. 以慢行交通可达性的要求确定城市肌理 B. 土地的混合使用优化出行模式，激发公交枢纽的活力
	策略13 完善公交系统，强化公共交通的革新与优先权	A. 合理适度开辟公交专用道 B. 在有条件的区域合理发展快速公交系统 C. 强化公交优先的法规和理念，提升规划与管理的反馈优化机制 D. 采取交通静默措施
	策略14 强化慢行系统与公共交通的有效衔接，建立多模式交融的综合体系	A. 鼓励公交、慢行与小汽车交通共生共融 B. 大力促进"轨道交通＋慢行系统"的一体化绿色交通体系
	策略15 构建人性化的城市社区慢行系统	A. 提升慢行交通系统的有效通行权 B. 优化交通设施，促进慢行交通的使用 C. 慢行体系融入社区共享空间
	策略16 建构绿色交通建设的社区管理机制	A. 倡导"无车化"的社区开发 B. 汽车共享计划 C. 公用共享自行车计划
维度5 基于社会公平的低碳社区公众参与设计维度	策略17 倡导多方协作的公众参与机制建设	A. 建立公众参与保障制度 B. 建立公众参与组织机制 C. 依托专业组织和机构 D. 完善社区规划师制度、建筑师制度 E. 建立明确的参与渠道和方式
	策略18 普及公众低碳意识的多样化途径创新	A. 举办技术知识、法律法规宣传活动 B. 完善宣传硬件及软件设施 C. 紧密结合基础教育
	策略19 建立共建共享的公众参与社区激励	A. 培育责任意识 B. 鼓励共同营造 C. 有效利用利益影响因子

2

行动与实践

第二部分

第 3 章

基于场地自然环境
及基地原貌特征的设计维度

城市应该成为保护自然环境的履行者,
而不是剥夺者。
低碳社区是重要的履行路径。

城市应该成为保护自然环境的履行者，而不是剥夺者。低碳社区是重要的履行路径[1]。

若要实现低碳社区，首先需要因地制宜选择基地，适宜使用土地，这是决定其他设计的前提和基础。它不仅可以影响场地建设后的环境运作状况、提升社区建设与自然环境和生态的连接程度，也关系到与之相联系的更大环境的质量。城市发展与自然演进的和谐，也是人类社会的崇高价值所在。

场地的建造活动应尽量少地干扰和破坏优美的自然环境，并尽可能地通过建造活动弥补生态环境中已遭破坏或失衡的地方。首先，梳理当地环境资源综合因子作为基本的环境支撑骨架，结合社区发展要求，考虑各类场地的合理供给；其次，从设计元素和方法的层面，促进场所和环境的可持续利用；最终实现自然环境与城市气质之间的和谐平衡。

---

1 莫斯塔法维·多尔蒂.生态都市主义[M].俞孔坚，等译.南京：江苏科学技术出版社，2014.

3.1 策略1
以综合因子影响为引导的场地选择

场地选择与生态环境因子的紧密结合，其实是一个古老的概念。在古代中国城市，望山相地是建城之初必须做的；在古罗马的观念中，人对环境投射自我，从而关怀建成环境。

引导A　基于综合环境敏感度的分区，确定开发模式分区

场地建设属于城市建设的一部分，应尽量选择在生态不敏感区（即对区域整体生态环境影响最小的地方），或生态环境安全最有保障的区域。土地的再划分、开放空间规划、功能分区都应从充分考虑场地的自然特征入手，确定土地利用的粗略骨架，并依此决定道路系统、排水系统等的形态。这种土地开发与自然形态的契合方法，既是符合生态安全原则的举措，也是维系一系列其他设计的纽带。城市与其所在地生态系统间的相互作用越来越重要，生态环境优势日益成为今后的竞争发展优势。

场镇用地的开发框架及生态"绿色"廊道的选址，必须具备"综合效益最大的选址"的综合目标。"绿色廊道"形成基本的环境支撑骨架，既构成了区域生态系统的连通性和完整性，又考虑到各种建设用地和非建设用地的生态兼容性——敏感度高的区域需保育、敏感度中的区域保育式开发、敏感度低的区域适宜建设等——适当地划定土地发展模式为"组团式""镶嵌式"（例如绿廊划分组团，还是大开发中有小绿网等）抑或是"组合式"。

在成都兴义生态小镇的规划设计中，上海院和英国韦德尔（Weddle）公司一起，运用网格生态分析方法，仔细梳理基地现状的景观环境特征，从生态价值、景观视觉价值、历史文化价值等的影响分布图，判定整个场地中的价值高区至价值低区，再将各图相互叠加，形成总体环境因子敏感度的复合影响图；然后，挑选敏感度较小的地区，安排不同的开发建设用地及生态农业用地，尽可能地保留基地林盘树木，形成生态廊道以联系生态斑块；挑选敏感度较高的地区，保育并提升其生态及景观价值；而当敏感度较高的地区又面临被规划为开发建设用地的情况时，我们坚持进行与生态景观结合的半保育型的建设方案。例如花红堰周边的商业开发，我们就定义为半生态保育模式，把堰渠沿岸生态环境仔细分段，选址合适的开发段（即可以结合自然环境进行商业开发）和保育段（保护并整治沿河的树木、竹林，不允许砍伐后开发），从而把生态环境要素和沿河商业建筑开发有机结合起来（图3-1）。

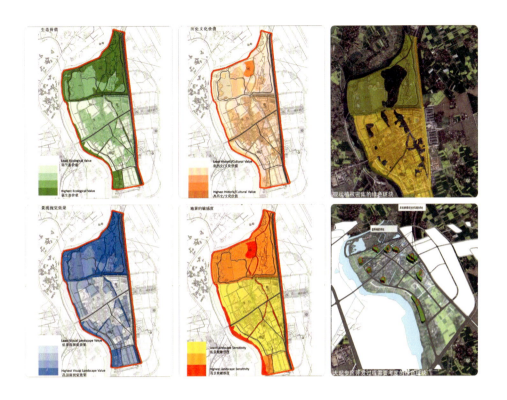

引导 B 结合"绿廊""蓝廊",强化公共空间架构

在景观生态学中,廊道(corridor)是指不同于周围景观基质的线状或带状景观要素,生态廊道(ecological corridor)是指具有保护生物多样性、过滤污染物、防止水土流失、防风固沙、调控洪水等生态服务功能的廊道类型。生态廊道主要由植被、水体等生态性结构要素构成,在设计中"绿廊"指以植被为主、"蓝廊"指以河流水体为主[1]。

美国首都华盛顿的城市景观享誉全球,其发展基础包括朗方规划和麦克米伦规划在内的一系列城市规划。这些城市规划确立了华盛顿特区"绿色轴心型"城市格局,形成了"绿色景观廊道+纪念建筑"统领城市空间的结构特点。这些林荫大道和大型绿地,不仅塑造了良好的城市形象,而且为华盛顿城市核心区域形成纪念性景观集群以及其他文化设施集群创造了良好的条件[2](图3-2)。

在深圳前海水城规划设计中,James Corner Field Operations 设计公司运用大型开放空间——"蓝色水廊+水岸公园"对现有基地进行了两方面的结构性调整,

3-1

图 3-1 成都兴义生态小镇的总体环境因子敏感度复合影响分析

1　百度百科,http://baike.baidu.com/view/2582404.htm
2　张红卫.美国首都华盛顿城市规划的景观格局[J].绿色基础设施与城市生态,2016(12):62-65.

力求最大化地体现前海片区的地理生态特色,并从根本上改善该前海区域的生态和景观质量。第一,5条现状河渠被利用为新建城区的雨水排放及收集场地,并通过自身生态湿地的水体净化处理后流入海港来改善湾内水质,形成超大尺度的"蓝色"净水廊道。同时,5条"蓝色"净水廊道被利用成为城市湿地公园,来改善周边的城市生活并增加相邻片区的开发价值。"蓝色"水廊将整个前海区域分为5个特色城市片区,即金融商业区、贸易物流区、科技创新区、文化艺术区和生活区,每个片区的城市主题活动彼此不同,使前海片区结构清晰易识别。

3-2
3-3

图 3-2 华盛顿国家林荫大道(资料来源:https://www.loc.gov/pictures/resource/highsm.15847/)

图 3-3 深圳前海水城"绿廊"结构(资料来源:http://www.fieldoperations.net/)

第二，构建4个环绕前海湾的连续水岸公园体系——水岸森林公园、演艺公园、游乐公园和海港公园，提供给前海一个完整连贯的水岸体验。4个水岸公园配合5个城市片区的城市功能特色进行差异化定位，并提升该片区的城市功能特色，共同成为前海水城的形象前沿（图3-3）。

引导C　借助立体绿化，提升高密度城区的生态环境品质

迅速发展中的"绿色屋顶"运动，展示了高强度高密度城区如何增加宝贵环境绿量、对环境友好的可能途径，催化人们对环境的感知，满足人们身心健康的需求。通过对建筑物和构筑物的立面、屋顶、地下和上部空间进行多层次、多功能的绿化和美化，建设田园城市，可以有效地改善局地气候、增加绿量、拓展城市绿化空间、改善生态效应和宜居品质。

在"杨浦119大桥社区城市设计"项目中，我们营造了一个由"云公园"和"屋顶微公园"所组成的立体生境[1]。不仅为这一高密度园区多贡献出近10万 m^2 的屋顶绿化，同时不同层次、不同种类的绿化吸引蜜蜂、蝴蝶、鸟类，形成生态气息浓郁的、会呼吸的科技园区，成为联系新建筑与保护建筑的绿色生息纽带（图3-4）。

3.2　策略2
与地域环境紧密结合的场地建筑布局

西方建筑界流传着一句格言："每个人都必须轻柔地触摸大地（Each should touch earth lightly）。"中国传统园林选址中的风水理论体现出朴素的气候和谐的设计思考："首先是空气新鲜，朝向良好，土地肥沃；浅冈长阜，平板深壑，澄湖急湍，都要搭配得好；希望北面有座山可以挡风，夏季招来凉意，有泉脉下注，天际远景有个悦目的收束，一年四季都可以返照第一道和末一道光线。"[2] 体现了建造者对场地气候的一种尊重态度，意味着在规划设计中不是单纯地强调美观、人的舒适性和方便性等主观需求，更需关注场地布局要充分尊重基地的气候特征，实现与环境的结合。

---

[1] 生境（habitat），一词是由美国（Grinnell）（1917）首先提出，其定义是生物生活的生态环境范围。生境质量和生境适宜度 habit quality and habit suitability 是生境评价的常用指标。https://wenku.baidu.com/view/52465818fc4ffe473368ab30.html
[2] 关传友. 风水理论对中国传统园林的影响[J]. 皖西学院学报，2001（1）；20.

建筑场地的规划设计是建筑节能设计的重要组成部分。建筑场地设计得当与否会直接影响区域节能的效果，同时对使用者的舒适感，以及建筑的性能也有着重要的影响。地形、植被、太阳辐射、风和建筑等，这些因素共同创造了微气候。如果设计师在设计中考虑了场地的自然条件及微气候，空间就会更加舒适、高效，也会更加充满趣味。建筑在冬季能最大限度地利用自然能来取暖，而夏季则能最大限度地减少并利用自然能来降温冷却。在工程实践中，这些微气候包括建筑组群间的微气候、极端点位的微气候等。

图 3-4 杨浦 119 大桥社区科技园"城市立体生境"

图 3-5 潍坊火车站周边地区城市设计的区域风环境模拟

引导 A　优化建筑组群布局，改善微气候环境

建筑群总平面从布局的初始就应该建立与环境的关联度，从而使建筑布局及构筑物等的配置与地域气候特征整合起来，改替其微气候环境，充分发挥有益于提高节能效益的基地条件，达到节能的目的。这在住宅小区中的应用极为常见，相关案例参见本研究第 5 章 5.1.2 的论述。"潍坊火车站周边地区城市设计"项目在城区项目开始之初就进行预先模拟评估，从风环境的角度对整个区域的总体建筑布局做出综合评价，调整总体布局方式，有利区域的疏风（图 3-5）。

引导 B　精细化处理气候极端点位的总体布局，提升社区微气候品质

在上海院参与的"青岛蓝海新城城市设计"（黄海前海区）的可持续专项设计中，从江面、海面来的极端风是影响该区域建筑合理布局的一个重要因素。

借助场地风环境、日照环境等分析来修正、调整建筑的空间布局方式，以达到适应当地的气候特征的室外建成环境的最大舒适性。我们依据高层建筑群的风环境分析，将原规划的建筑布局在极端点位进行调整优化，以形成风环境缓冲区（在平面和竖向界面上均存在）。其一，在保证城市空间肌理的同时，尽可能创造平面围合空间（可运用建筑，也可运用高大乔木的树篱绿墙），形成风环境缓冲区；其二是在滨水的第一层界面上，退台、立体绿化、建筑开窗与主导风向呈一定角度等方法均可以提升滨水第一层次的风环境舒适度；其三是将建筑体型进行高低配合、"围合与点式"相穿插，既凸显城市形象又做到"合理通风"。调整后外部公共空间获得了冬、夏两季室外舒适度合格区域的最大值（图 3-6）。

根据《中国建筑热环境分析气象数据集》得出，潍坊日常风速：5.5m/s
平均温度：−9.1℃
相对湿度：53%
极端风速：12m/s

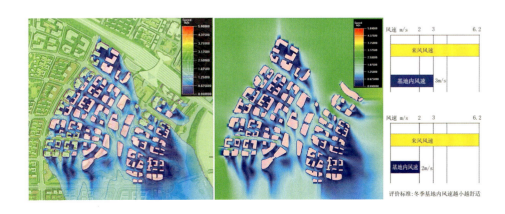

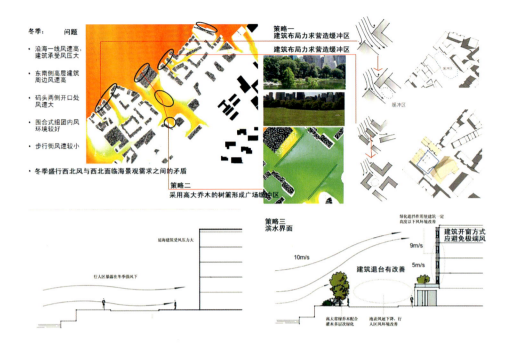

3.3 策略3
结合地形土方控制的场地竖向设计

在场地生态环境的规划设计和建造中，常会遇到复杂地形、地貌的处理。对场地建设来说，充分利用地形可以节省土方工程量，保护土壤和植被免遭破坏，减少因为大面积土方开挖带来的资源和能源的消耗，降低建筑的建造能耗。而且经过精心处理的起伏地形反而更有利于创造优美的景观。

引导A 利用土方最优原则，塑造地貌的景观特征

在地形地貌特殊地区，通过将GIS和BIM相结建立城市规划数字化模型，将竖向设计、土方计算、道路设计和蓄水排水等彼此关联。数字模型实时反馈的精确数据比模糊的传统经验做法更具有说服力，土方量的控制和地表径流分析以及汇水面积计算一直贯穿场地竖向设计的始终，突出节地目标。

在"大连专用车产业科技创新基地"项目中，通过现状地形坡度分析和土地利用现状，发现该地区现状大部分坡度在15%以下，荒地林地占地较多，适宜大范围内的人类活动以及建设用地开发建设。设计以原控规路网为基础，深化竖向方案，多

图3-6 青岛蓝海新城的极端点位的微气候应对分析
图3-7 大连专用车产业科技创新基地0925版场地竖向方案（设计等高线/设计场地放坡的坡度/土方施工挖填体积）

次验算土方平衡（包括设计等高线／设计场地放坡的坡度／土方施工挖填体积），在地形竖向设计上不仅平衡了挖填方且减少了挖填方的总工程量，达到了总工程量最小最优的目标，为整个建设投资节省了 900 多万 m³ 土方量（当地单价 20 元 /m³）（图 3-7，表 3-1）。

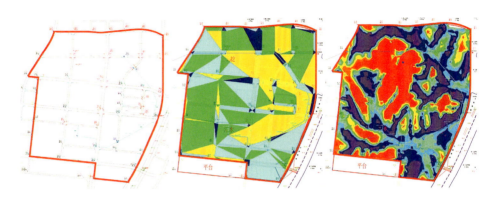

坡度表			
编号	最小坡度	最大坡度	面积	颜色
1	0.00%	1.00%	254973.15	
2	1.00%	3.00%	1513159.84	
3	3.00%	5.00%	2190827.77	
4	5.00%	8.00%	1538435.27	
5	8.00%	52.01%	147619.96	

坡度表			
编号	最小高程	最大高程	面积	颜色
1	−23.98	−4.23	958348.29	
2	−4.23	−3.07	312646.81	
3	−3.07	−1.73	505206.73	
4	−1.73	−0.58	544048.37	
5	−0.58	0.40	652435.76	
6	0.40	1.59	783469.10	
7	1.59	3.63	1016895.44	
8	3.63	58.03	871965.49	

场地竖向土方平整工程量对比分析表　　　表3-1

图纸名称	挖方/m²	填方/m²	净值/m²	松散系数	压实系数	挖方（改正的m³）	填方（改正的m³）	净值（改正的m³）	总工程量（改正的m³）
原控规	15400576	14306913	1093663 <挖方>	1.05	0.95	16170605	13591567	2579037 <挖方>	29707489
0831版竖向土方	9281173	9599676	318503 <填方>	1.05	0.95	9745231	9119692	625539 <挖方>	18880848
0925版竖向土方	10715914	8519889	2196025 <挖方>	1.05	0.95	11251710	8093894	3157816 <挖方>	19235803
西侧6个小地块土方	951009	503398	447611 <挖方>	1.05	0.95	998559	478228	520331 <挖方>	1454407

表——原控规以及深化两版方案的挖填方等工程量的比较：在总工程量上可以看出，上海院的规划设计方案比原控规的方案要节约大量的人力物力，在实现项目发展目标的同时，节约了近千万方土的工程量。

引导 B　结合地形竖向，营造景观的地貌特征

"厦门五缘湾体育公园国际竞赛"项目，丰富多变的自然地形赋予该地块特色。上海院以"山水适宜，自然同行"为设计理念，利用"场地地形内凹，有地表排洪沟渠"的场貌特征，在场地中央塑造收集雨水、贯通南北的"生态活水公园"，力求净水蓄水、减少年地表径流量；并以此为出发点，绿脉延伸，纳山入园，将周边绿色斑块变成连贯丰富的景观生态系统；进而形成 5 个运动岛（2 个赛事岛 +3 个全民健身岛）；总体建筑设计顺应地形，如缓坡微丘、弥合场地，将场地、建筑、屋面一并纳入城市健步系统。同时选种当地植被，提升场地生态价值，反映厦门独特优美的自然韵律（图 3-8）。

3.4　策略 4
保育现状植被、水文特征一体化的场地景观塑造

长久以来，在城市或住区建设中，出现了先砍树，后建房，再配置绿化这种事倍功半的做法。生态学知识告诉我们，原生或次生地方植被破坏后恢复起来很困难，

图 3-8　厦门五缘湾体育公园项目地形竖向与基地景观地貌设计相结合

图 3-9　利用原有的自然次生林创造出"绿手指"的生态小镇景观

需要消耗更多资源和人工维护。因此，某种程度上，在建设之初保护原有植被比建设后再新植绿化的意义更大。

引导 A　保护原有植被，实现新场地生态环境特色

在场地建设中，应尽量保留原有植被。古树、名木是基地生态系统的重要组成部分，尽可能将它们组织到新场地生态环境的建设中去。

在成都兴义生态小镇的规划设计中，沿花红堰景观资源良好的竹林树木被尽可能多地保留下来，其原有的"林下空间"的特点极为突出——即树冠对地表的覆盖面较密较大，使得环境隐蔽、静谧、柔和，以散射光为主，适宜用作休息赏景之处。设计把此特点充分发挥，成为"绿手指"景观，并结合花红堰两侧商业开发的设想，以期形成与建筑相互掩映、疏密组合的活力场所（图3-9）。

引导 B　结合场地环境水文特征，保护生态排水系统

溪流、河道、湖泊等环境因素都具有良好的生态意义和景观价值。场地开发设计在原则上应很好地结合水文特征，尽量减少对原有自然排水的扰动，努力达到节约用水、控制径流、补充地下水、促进水循环，并创造良好小气候环境的目的（同时需优先保护如一级水源地等特别水资源）。

适应和利用基地现有水资源系统，防止和减弱其不利因素，简单来说就是"用"与"防"相结合。结合水文特征的基地设计可从多方面采取措施：一是保护场地内湿地和水体，尽量维护其蓄水能力，改变遇水即填的粗暴式设计方法；二是采取措施留住雨水，进行直接渗透和储留渗透设计；三是尽可能保护场地中可渗透性土壤。这方面的实践，有城市层面的大表现，也有中观地段片区层面的较小表现。

在"济南小清河可持续发展城市设计"项目中，我们在较小尺度层面规划了与开敞空间相结合的生态排水系统。沿组团建筑外墙周边的勒脚处进行卵石等可渗透性材料铺装，形成一系列地表可渗透性水道，先将建筑屋顶雨水引入人工控制排水道，再使可收集的雨水集中流入组团的景观水系中，进而通过一系列的浅渠或可渗透性水道流入中央运河或北湖中，不仅起到平衡生态、防洪抗暴的安全作用，还可成为社区公共景观元素（图 3-10）。

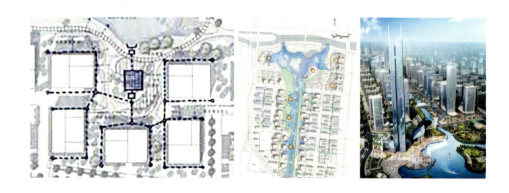

深圳"前海新城"案例中，James Corner 做了一个大表现：根据基地位于海滨且深圳降雨量变化显著的特点，巧妙地将 5 条城市"蓝色廊道"与基地地形结合，运用阶梯状湿地＋泄洪水道＋阶梯状湿地的设计手段，即实现对旱季和雨季分情况管理——其中每个阶梯状的湿地单元连续长达几公里，成为既是净水单元又是蓄水单元，避免水量流失（在旱季降雨不足时，引入经南山污水厂净化的城市灰水，补充入湿地净化系统；在雨季则分流，将部分雨水和周边开发区地表径流收集并排入净水湿

图 3-10 济南小清河中心区生态排水的组织概念
图 3-11 深圳前海新城"城市蓝廊"城市水系统与公共景观整合（资料来源：https://vimeo.com/63401442）

地净化系统,其余雨水排入中央排洪渠,迅速排入海湾),又塑造了亲和生动的开敞空间景观;更加有效地利用了城市雨水和建筑中水,降低洪涝灾害可能性,创造出与水系统紧密结合的城市公共景观。这是在新城建设层面的低冲击开发(图3-11)。

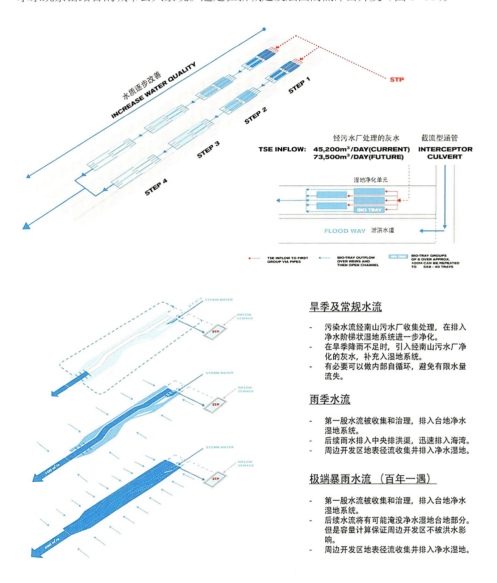

引导C 采用建筑雨水断接,减缓社区雨水排放

"上海市海绵城市建设技术导则"针对建筑与小区,提倡建筑的海绵性设计应充分考虑雨水控制与利用:屋顶坡度小于15°的单层或多层建筑宜采用绿色屋顶技术;并宜采用雨水管断接的方式将屋面雨水引入建筑"勒脚处"的小型分散的绿

化，进而汇入周边绿地或景观水系统进行消纳，宜通过植草沟、雨水管渠将雨水引入场地内的集中调蓄设施，也可通过断接雨水立管底部设置的雨水桶进行雨水收集调蓄。

在2019年建成的"上海唐镇新市镇配套中学"项目中，我们充分运用了"海绵城市技术组合"，将校园的雨水组织系统和雨水收集利用、雨水调蓄系统等集成设计。项目获得二星级绿色建筑设计标识。

整个校园场地分为东西两大部分。建筑组群集中于校园东侧，呈围合式布局，地上5层、地下1层，包括由一栋教学综合楼、一栋多功能教室、一栋食运楼，总建筑面积为23503m^2。体育场地位于校园西侧，绿地面积为11494.8m^2。整个校园集中绿地面积8729.4m^2，绿地率约35%。因此，校园场地也被分成两个排水组织体系：建筑组群（含场地）为一个排水分区，体育场为另一个排水分区。

针对建筑组群的雨水排放，设计措施主要采取了"植草沟＋雨水立管断接"以控制径流、美化景观。植草沟布置于校园车行道与景观硬质铺装两侧，收集道路地表雨水，道路与绿化交界面采用平侧石，确保雨水径流顺利引入两侧植草沟。面向城市道路的绿地主要为观赏性绿地，设置屋面雨水立管断接，以散水等方式将屋面雨水的排放与生态雨水设施进行有效衔接（图3-12）。

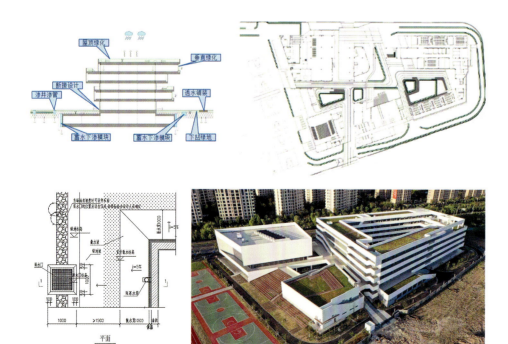

图3-12 唐镇新市镇配套中学

3.5 策略 5
保护表层土、不透水表面最小化的场地处理

"表层土"很脆弱，它位于土壤的最上部，如果没有表层植被，只要几场大风大雨就可以将那些"表层土"泥土风卷残云般剥蚀掉；"表层土"也很健康，历经百年岁月积淀，可以含水、养育植物和微生物，使其生长和恢复。在进行基地处理时，应尽量减少场地干扰，保护健康的表层土，发挥表土生态作用。这是建设从粗放走向精细的关键。

引导 A 运用建筑合理架空，保护场地表层土

表层土是经过漫长的地球生物化学过程自然形成的，土壤表面有一定厚度的，适于生命生存的土壤，是植物生长所需养分的载体和微生物的生存环境，其中含有丰富的有机质、植物生长需要的矿物质和微量元素，并含有大量植物生长的痕迹，例如植物的根茎、种子，植物未分解残体和植物根系的分泌物。在植被遭到外界的破坏后容易自行恢复。在自然状态下，经历 100~400 年的植被覆盖才得以形成 1cm 厚的表土层，可见其珍贵程度。从外观上看，一般为灰色，微有臭味，有很多微小空隙。适合植物和微生物生长[1]。

居住区环境建设中挖填方、整平、铺装、建筑和径流侵蚀都会破坏或改变宝贵而难以再生的表土。因此，应将填挖区和建筑铺装的表土剥离、储存，在场地环境建成后，再清除建筑垃圾，回填优质表土，以利于地段绿化。

加拿大木业集团建造的一个度假会所项目，非常好地传递了这样的理念，呈现出与环境深度融合的意境。项目运用重型木结构技术，整个会所凌空跨越在小溪和地面植被之上，通过木梁将荷载传递给立于两侧岩石的基础墩。这样，原生土壤和植被得到了最大程度的保护，即使将来建筑被拆除，所留下的痕迹也微乎其微。

深圳大梅沙的绿色建筑万科中心采用"漂浮的地平线，躺着的摩天楼"理念，选用悬拉索、钢结构的大跨度综合结构，相当于是把摩天大楼横过来，建在桥墩上，从而建筑的地面首层几乎是架空的。这座面积近 10 万 m² 的大型建筑占用的地表面积却很少，实现地面绿化面积的最大化和高度地景观渗透（图 3-13）。

1　整理自维基百科及百度百科 https：//zh.wikipedia.org/wiki/ 土壤；http：//baike.baidu.com/item/ 土壤

引导 B　关注固废的再利用，降低碳排放

对原废弃场地和废弃物再利用、减少固废的排量，可以大大节约资源减少能源耗费，在塑造开敞空间的同时，实现经济、实用、美观。对建筑废弃物进行利用时，建议提前进行周密设计，例如对哪种材料进行回收利用、以何种形式给予转化、用于新项目的哪个部分等。

针对有一定动迁量的地区进行城市设计时，建筑废弃物的再利用应加以重视。"成都兴义生态小镇规划设计"项目中，规划了 4 处建筑废弃物临时集中存放地，预先计划分类分级管理，以便资源化利用到下阶段的具体建设中，如用于开发建设区人工场地平整、景观铺地和生态农场外围的人工观景坡等，有助于减少区域建筑材料的消耗。

第 3 章
基于场地自然环境及基地原貌特征的设计维度

053

土人景观设计的广东省中山市江岐公园原是始建于20世纪50-60年代的粤东造船厂，设计师利用场地中原有的榕树厂房、铁轨和机器，设计成一处开放的市民休闲场所——废弃物的利用恰恰体现了生态恢复的意义（图3-14）。

美国罗得岛普罗维登斯的中央垃圾填埋场的花园（landfill garden providence），将建筑拆迁垃圾作为一种景观材料，将场地原有的储灰罐的混凝土板切成1英尺宽的模块用于景观铺地，既美观又低碳（图3-15）。

| 3-13 | 3-15 |
| 3-14 | |

图3-13 地面表层土的保护
左：加拿大木业集团建造的某度假会所（资料来源：加拿大木业集团提供）右：万科大梅沙中心（资料来源：http://news.dichan.sina.com.cn/2009/09/29/69716_all.html）

图3-14 "废"的资源化再利用 广东省中山市江岐公园（资料来源：http：/ http：//www.chinacity.org.cn/cspp/csal/63625.html/）

图3-15 普罗维登斯的垃圾填埋花园，由混凝土板形成的铺地（资料来源http://worldlandscapearchitect.com/landfill-garden-providence-usa-la-landscape-architecture/#.UbmtKeGoly4）

第 4 章

基于社区人文需求的
场所设计维度

"街道是可以漫步的,建筑是可以阅读的,天空是可以眺望的。一座令人向往的,更富魅力与活力的人文之城和幸福之城。"

"街道是可以漫步的，建筑是可以阅读的，天空是可以眺望的。一座令人向往的，更富魅力与活力的人文之城和幸福之城。"低碳社区不仅是低能耗、低污染的功能性处所，还包含着人与建成环境彼此共情的文化展现、活力释放的人文需求。城市中，体现人文需求的场所不只是美术馆、博物馆、图书馆等建筑个体，还有那些浓缩着城市文化特性、承载着公众兴趣、举行公共活动的街区、广场、巷弄等公共空间[1]。从某种意义上讲，人文需求的强弱决定了场所精神的强弱。

基于不同时期国家政治经济方面的需要，城市空间组织模式也在逐步变化。新中国成立初期，我国城市建设模式主要强调"城市大路网 + 单一功能分区 + 单体建筑"模式，对城市社区尚未足够重视。改革开放后，伴随国家经济体制改革和发展模式转型，人们越来越意识到，生活社区 / 街区对于城市活力的重要意义。社区，是构成城市肌理与城市生活的单元，也是实现人文活力，塑造、培育或延续人文需求的重要空间载体。

近些年来，一系列新的城市街区映入眼帘：如上海新天地、南京 1912、广州岭

---

1 《上海城市总体规划（2016—2040）》草案，2016 年 8 月 23 日。

南天地等主题商业街区；有围绕轨道交通站点或枢纽集聚的商务商业综合街区，如虹桥商务核心区、后世博 B 片区央企总部基地、后世博 A 片区的商务绿谷；有文创产业为主题的后世博最佳实践区等创意产业街区、深圳南海艺库创意区等。这些街区既具备相应的生产或工作的功能区，又具备满足从业者生活、休憩、交往、展示等的场所空间，是集中了时代的消费模式、创新工作、空间营造、人文氛围、激励政策等的城市高地，引发社会的高度关注。而文化需求成为这些"活力社区"的灵魂。

4.1 策略 6
激发场所活力多样化的社区功能混合

伴随着新世纪国家建设强调"从粗放向集约、由外延到内涵式发展"，人们开始反思并意识到了单一功能分区所带来的城市问题，诸如：单一功能分区增加了汽车使用量，因为两个功能区之间距离很远。当人们需要在一天之中完成许多不同任务时，单一功能分区会造成生活困难，带孩子的职业母亲就是典型案例，她们需要将工作、照顾孩子、购物三位一体。单一功能分区还会降低公共服务效率，产生钟摆式生活（住宅区上班时无人、办公区下班后成为"死城"），社区活力降低的同时，社会化监督也会降低，影响社区安全。从美学的角度看，单一功能分区由于只考虑单一功能目标的专业工程设计，整体空间相对比较乏味和单调。今天，人们越来越意识到，城市功能多元化、协同化混合是促进街区活力多样化的关键因素之一。

引导 A 优化"主、辅"的功能混合，实现场所活力的可识别性

很多成功案例显示，社区功能的混合使用，催生不同活动之间以及人与公共环境的交互活力。而可识别度较高的社区活力，往往具有"核心功能主线 + 配套或依赖功能辅线"的功能组成特征。

上海世博会城市最佳实践区后世博发展规划（UBPA），为城市打造一个文化创意产业聚集区，占地约 25hm^2。该项目已获得美国绿色建筑理事会首席执行官、绿色建筑认证机构主席联合签署的 2013（LEED-ND）铂金级规划预认证。这也是亚洲地区首个获该规划预认证的发展项目。在文化产业集聚的同时，这片区域将被打造成为上海乃至全国的首个低碳生态街区，成为世博文化遗产的重要承载区，这里将是"24 小时跳动"的街区，白天创意工作，入夜闲适生活，在绿色低碳理念指导下，人与人之间的社交尺度得以重新靠拢。

UBPA 在功能布局上以文化创客们理想的办公场所为主线,而辅线为文化创意产业所依赖的商务洽谈、产品展示、社交聚会、文化休闲以及城市信息的发布点等相关设施——这些在工作和居住之外的"第三场所","主、辅"共同形成具有协同效应的创意产业生态,提供"实现梦想的氛围"。此外,UBPA 的 LEED-ND 得分点还包括,园区周边有学校、医院、养老院、消防队等 19 类生活配套;周边 800m 范围内有公交枢纽站,每天公交运营不少于 320 班次,空间规划适合慢行交通;区域内建筑节能节水,而且整个街区都采用江水源热泵调节温度,地面使用砖材能有助于降低城市热岛效应,等等。

UBPA 在建筑面积上,创意商办的建筑面积占 40%~50%,商业服务建筑面积占 25%~30%,文化休闲建筑面积占 25%~30%;在分布格局上,北街坊以商务办公为主,商业服务和文化休闲为辅;南街坊以商业服务和文化休闲为主,商务办公为辅,形成复合互补、动静相宜的功能布局;在空间界面上,主要开放空间沿线形成公共开放用途的积极界面(图 4-1)。

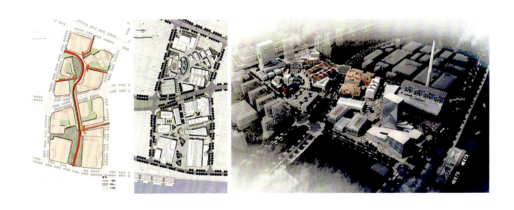

图 4-1 UBPA 文化创意产业集聚区发展规划 [课题组整理自:从"世博亮点区"到"街区改造范例":城市最佳实践区会后发展修建性详细规划 [J]. 上海城市规划, 2012(1): 77-82.]

而英国媒体城(Media Ctiy)是于 2009 年首个通过英国建筑研究院环境评估方法(BREEAM Community)认证的创意社区,位于索尔福德市(Salford Quay)曼彻斯特运河的边上,总占地约 81hm²(核心集中在约 15hm² 的索尔福德码头的 9 号码头区)。这片区域在力求创造全球首屈一指的数字媒体中心的同时,成为功能混合的城市活力街区。

媒体城的功能布局着意建立起由顶尖媒体公司、高清数字/广播的设备服务商、后期制作、创意公司、展示与信息发布、表演艺术及会议活动中心等组成的一条产业主线;同时提供具有针对性的配套服务辅线,包括:服务更大区域的码头博物馆、

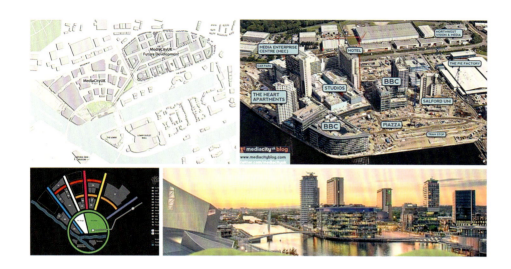

游客信息中心、折扣品经销店（outlets）综合体等；以及服务整个社区及周边居住区的零售购物、路边咖啡餐饮、含有机商品的超市、电影院等四类商业，2个滨水公寓和2座酒店，3个名人工作室，4个健身俱乐部，充沛的停车（与大型建筑结合）；更有服务小型创业公司的灵活租赁办公等，同时索尔福德城市大学的数字化教学校区也落户此地，部分教学区与英国独立电视台（ITV）同楼办公，有助于学生了解企业是如何在瞬息万变的世界运作与应对的。整个社区以滨水广场和景观公园为焦点，非常紧凑，适于步行和自行车（图4-2）。

虹桥低碳商务核心区（一期）是上海首个低碳商务社区的建设实践。一期核心区的中央片区包括瑞安集团地块、万通集团地块、龙湖集团地块以及中央公园，总用地约28hm²。项目发挥紧邻多种换乘枢纽的突出优势，以商务功能为主线——力促商务活动的逐渐扩大以及商务人士的不断积聚，以商业文化休闲等配套为支撑辅线，力促区域活力。

瑞安、万通、龙湖三家开发单位，将上述原则落实到各自充满特点的设计之中。瑞安板块采用平面混合的方法，在商务办公和酒店的主线之外，还着力打造了购物商场综合体、虹桥新天地小体量零售或餐饮，以及"星洲"小型会展会议中心等三大类商服设施。万通地块较小，采用垂直混合的方法，一方面办公功能的楼宇获得最大的景观面，而建筑的下部2层作为零售商业空间。龙湖的方案也采用平面混合的策略，形成一个地块内的商业步行内街。三家的商服功能均由地下空间和空中廊道实现整体大连通，共同构成了虹桥低碳商务核心区（一期）的"第三场所"（图4-3，表4-1）。

图4-2 媒体城规划图（资料来源：http://www.mediacityuk.co.uk/；http://en.wikipedia.org/wiki/MediaCityUK；http://apartments.mediacityuk.co.uk/site-plan）

图4-3 虹桥低碳商务核心区（一期）整体性空间

第 4 章
基于社区人文需求的场所设计维度

"社区自身核心产业链主线+配套或依赖功能链辅线"的功能混合组织结构　表4-1

低碳社区	主导功能定位	依赖功能	社区周边
上海世博会城市最佳实践区会后发展规划（UBPA）	1. 城市文化交流、创意设计产业办公积聚区（入驻：工业设计斯凯孚集团中国总部、上海市城市规划设计研究院设计中心、华建集团科创中心、凤凰传媒等） 2. 世博会遗产的承载（场馆的再利用）	商务治谈（酒店）； 产品展示中心； 社交聚会（Eat-Drinking）； 文化休闲（继承世博期间公共空间的艺术化赏游、空气树、活水公园、法国玫瑰园等）； 城市信息的发布	有学校、医院、养老院、消防队等19类生活配套； 800m范围内有公交枢纽站，每天公交运营不少于320班次； 慢行交通
英国媒体城	1. 旨在创造全球首屈一指的数字媒体和内容创作中心 2. 工业码头改造 主导功能包括： 顶尖媒体公司，数字、广播的设备服务商，以及后期制作与创意公司：BBC-ITV-Dock10-SIS Live-Lowry艺术中心-TheLanding-Bupa-Occupiers' Directory-Pie factory 摄影棚工作室 出租办公：白塔、橙塔、蓝塔 人才和教育：索尔福德大学数字化教学校区 研发体验展示或信息发布中心	社会不同群体的配套服务设施（本区使用的和游客的使用）； 租赁式办公（不同的自由职业者或较小的广告公司）； 博物馆，游客信息中心； 电影院（信息书店） 社交聚会场所：商场+路边咖啡餐馆（街巷）+超市 高层住宿：2个公寓（滨水，378套）+2个酒店（假日酒店206床） 健身运动：4个含健身俱乐部还有自行车道 停车：3个与大建筑整合	大学 住宅区 隶属大曼彻斯特地区的轻轨系统的一站
上海虹桥低碳商务核心区（一期）	1. 城市低碳商务办公社区 2. 片区的商服中心	商业（商场和零售）与餐饮； 文化娱乐、影院； 小型会议展览中心； 酒店及公寓（行政）酒店； 天桥步行体系及其信息化公共安全管理； 各年龄段的社会服务设施； 地下空间大连通	综合交通枢纽（空、陆、高铁） 国家级会展中心

（课题组整理）

引导 B　拓展四个维度的功能混合，释放场所活力的时空特征

功能混合理念很重要的一个观点为"四维功能混合"，在街区、建筑两个层次的基础上形成的平面、时间、垂直、同层四个维度的功能混合。把握住这个概念，可以避免塑造活力空间的同质和均一性。

1）平面混合

对实际案例归纳整理后发现，"强边活心＋层次递进"是以商业为主的综合发展项目经常使用的一种模式。

将一个大街区划分为若干小地块进行开发，每个小地块具有不同的功能，易于实现平面的功能混合。这种小地块的开发带来更多的建筑沿街面，带来更大的功能混合的界面，有利于城市多样性。例如瑞安集团在广州福山岭南天地（规划占地65hm²）及虹桥新天地（用地约3.2hm²）、大宁国际广场（用地约6hm²），此类商业街区的开发项目里，都成功地运用该策略，形成功能板块在平面上的混合。通常"外边地块"为商务办公、酒店、商业综合体等相对大型的建筑体量，开发强度相对更大；"内心地块"为由零售、餐饮、休闲等小体量的旅游文化及公共设施形成的，具有风情风貌的活力步行区，相对密度较大、强度较小，从而在空间层次上促进了活力的递进关系（图4-4）。

2）垂直混合

垂直混合是将各种功能设置于不同的高度。垂直功能混合体现在建筑和建筑群组的层次，多见于大型建筑综合体或商务区，多将底层开放给城市商业，上部为办公。在世博B片区总体城市设计项目中，几个"垂直枢纽大厅"成功扮演了垂直活力的转换节点，人们首先进入这些垂直活力空间，进而根据需要到达不同的功能区域（图4-5）。

图4-4 强边活心与层次递进的商业街区空间；上：广州福山岭南天地；下：大宁国际绿地（课题组整理自：佛山岭南天地总体规划. LANDSCAPE ARCHITECTURE2009/02, 40; http://www.lingnantiandi.com/index.php?m=list&a=index&id=9; https://wenku.baidu.com/view/614082d4f8c75fbfc77db292.html）

图4-5 世博B片区功能垂直混合

图4-6 德国港口新城的Hafencity School（资料来源：https://spengler-wies cholek.de/projekt/hafencity-schule/）

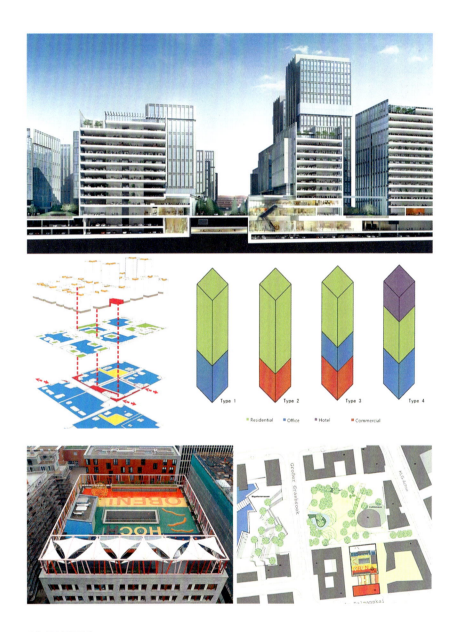

3）同层混合

同层混合为建筑层面，即同一空间为不同的功能共同占有，为一个"点"的功能混合。SOHO 就是一例，而 SOHO 模式就是将居住和工作混合的典型例子。德国港口新城的哈芬西学校（Hafencity School）是一所结合了城市公寓、课后辅导、餐厅和把楼顶开辟为户外运动场的小学。为了尽量利用空间，这栋 5 层楼里面还整合了健身房和幼儿园等[1]（图 4-6）。

1　http：//www.spengler-wiescholek.de/en/projects/buildings/hafencity-school/　http：//www.archello.com/en/project/hafencity-school

4）时间混合

时间段的混合体现在社区层面，是指社区空间在不同的时间内具有不同的使用人群或者使用功能，从而成为全时活力社区。经验表明，办公人群集中在9：00—17：00，住宅人群集中在早上8：00以前和晚上18：00以后，商业人群集中在10：00—23：00之间。不同时间段都存在的人流保证了街区白天与夜晚的活力。通过这种时差混合，不仅大大提高了自身及周边土地利用价值，也增加了集聚力和人气。这种功能使用的时间段特征，同时形成了片区能耗在一天中的不同时段的分布特征，这在本书的第5章5.2中有详细论述（图4-7）。

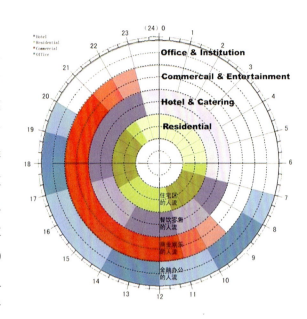

4.2 策略7
集聚场所活力能量的社区空间组织

城市建筑、公共空间，以及城市街区是城市活力的重要载体和媒介。通过点、线、面等方法整体地组织它们，是场所活力得以释放的有力支撑。

引导A 整合地上地下功能，构建立体化的活力界面

活跃的临街面是指围合起一个空间或一条街道的建筑，其地面层的功能与使用这个空间或街道的人们之间产生了一种关系，也即建筑外部的行人与建筑内部的活动产生一种交互或者发生有形的关联。经验表明，一个小型零售类咖啡馆或餐馆多是占用一个建筑1~2层，占用二层以上则比较罕见（除大型品牌餐饮）。城市设计可以从立体化的角度，来塑造功能界面。地下、地面和地上二层均可成为优质的城市功能界面，形成立体的步行系统，扩大并增强人们与活动空间的交互与关联程度。"徐汇西岸传媒港"项目，将地上二层平台、地上一层、地下一层形成网络状的联系，通过垂直联系的设计手法，打造立体融合的公共活动系统（图4-8）。

图4-7 使用功能的时间混合特征

图4-8 徐汇滨江西岸传媒港（资料来源：上海建筑设计研究院有限公司；合作单位为日建集团）

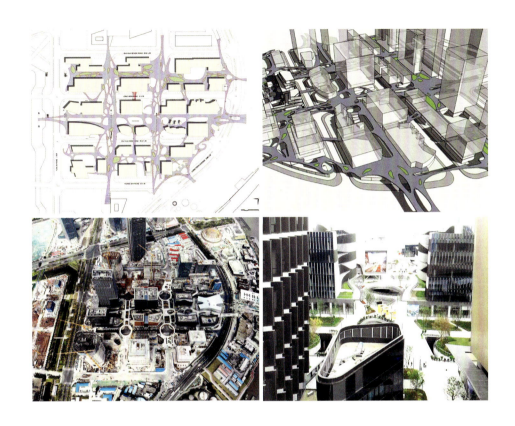

功能界面中的活跃方式和程度也不一样：例如住宅社区中设置山墙、栅格窗或者设置面向街道的窗户，让内-外部之间可以看见但又不破坏隐私；中等程度的交互和活力，是有商业交易活动的街道，能吸引人们进入并购买商品或者浏览橱窗；而交互性最强的街立面是那些延伸街道或建筑前部的咖啡馆、酒吧，以及店前陈列商品（花卉、手工、餐饮等）的商店等。公共艺术品或者种植、喷泉、美观的遮阳设施、精致的广告信息牌等，会激励这种活跃互动[1]。

引导B 对接资源点与资源点，形成步行主干脉络

步行街是衔接和联系各个热点区的"线"，是实现可达性的一个重要元素。当然，步行路径也有主次之分，因为不可能把社区的各个街道都设计成高强度活动交互的街立面。步行主街就是那条具有最高行人密度的路径。

设计好起点和节点，对造就一条步行街是非常有益的。步行主街构建起了片区的主结构，可以进行高品质且安全的步行购物。大宁国际项目中，步行街一头连接

---

[1] 罗伯茨，格里德. 走向城市设计：设计的方法和过程 [M]. 马航，等译. 北京：中国建筑工业出版社，2012.

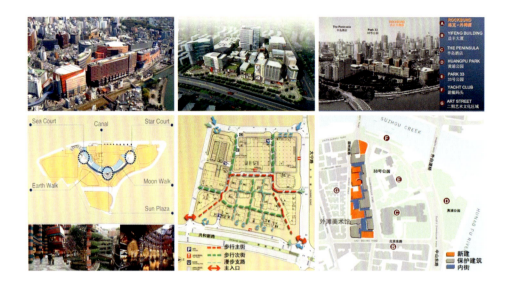

城市，入口引领行人；一头深入社区，形成一种巧妙的向心引领。温州滨江新城中，步行街一头连接城市，一头抵达滨江。住区、酒店、商务区、社区服务和文化设施被轴线有序地、有节奏地关联在一起。

在步行街的设计中因地制宜地去塑造节假日、事件或闲适游憩的气氛和空间特色，是成功的另一要素。日本博多运河城内的水街——运河街和百老汇街，创造出了一种嘉年华般的节日气氛，光临的客人在高品质的商业体验空间中进行着节假日的时间消费。而上海洛克·外滩源项目中的内街——外滩老建筑的城市传统、新建筑有机加入以及文化品质在此时得到了和谐共生，供人们享受散步、领略闲适（图 4-9）。

引导 C 捕捉步行汇聚节点，形成特色"热点"区域

比尔·希勒（Bill Hiller, 1996）在空间句法的研究中指出：从出发地到目的地，人流也是有形的和可管理的资产，人行路上的每一处都能产生"交通经济"，但只有在大量的人经过或驻足的热点区——通常是人群步行或公交出行可达性最好的位置，这些"热点"价值最大。

"热点"处的尺度特征往往高于或者异于所在社区的层级（"热点"可能是更大的或更不一样的广场、地标，因为它很可能是大尺度城市节点并面向更大范围的使用者，需要不同的表现）；围绕其步行距离范围内的空间，着重体现社区自身层级的尺度特性。无论是"热点"还是在其步行距离内的空间，步行的舒适、愉悦、亲和都是非常重要的。除了商业交易之外，供孩子们玩耍的场所、供人们休息聊天的座椅、能让人停下观察或触摸公共艺术品、喷泉、绿化等，也非常重要。

图 4-9 步行街作为街区的结构性连接线（左：日本博多运河城；中：上海大宁国际；右：上海外滩源）（资料来源：课题组整理）

图 4-10 虹桥天地下沉广场（资料来源：https://www.quanjing.com/imginfo/QJ6756427953.html）

图 4-11 徐汇滨江西岸传媒港都市核及央视灯光秀（图纸资料来源：上海建筑设计研究院有限公司；合作单位为日建集团；照片来源 https://www.sohu.com/a/407663845_467524?_f=index_pagefocus_4）

上海院参与的虹桥商务核心区就是一个代表性案例。项目根据业主的开发意图，发展出多个不同特色的"热点"，如虹桥新天地下沉广场，汇聚了咖啡、餐饮、零售以及层次丰富的绿地广场，形成地下、地面、地上空间立体的热点区，也成为举办各种活动的一站式新生活中心（图4-10）。

引导D 组织地上地下衔接，塑造"都市核"公共空间节点

衔接地上、地下的"都市核"也称为urban-core，指具有汇集采光、通风、信息发布、立体交通的集合功能，可以连通平台、地面、地下各层空间的"见天接地"的纵向开放空间，使地下空间拥有地上空间的采光、通风及良好的通达性。

在上海院负责整合设计的徐汇滨江西岸传媒港集群开发项目中设置了5个都市核，并通过色彩、指示牌、装饰等，加强地下环路空间、地面空间和二层平台的衔接点标识性及可辨识度（图4-11）。

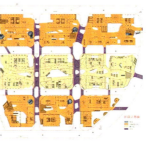

4.3 策略 8
活化场所文脉的社区空间生长

城市社区所反映的，不单是现时当下的一种状态，还有代际间的传承和延续。既满足"记得住历史，留得住乡愁"，又能够随着生活的发展，满足新的市民需求。社区空间中的肌理尺度、新老建筑兼容、织补和修复城市文脉，都能够激发新、老市民拥有认同感与归属感，彰显城市文化魅力。

引导 A　织补空间肌理，展现文脉特色

当项目所在地具有某些历史文化记忆时，新建设的介入应秉持"历史延续 + 现代需求 + 未来发展"的原则。把街巷肌理系统的营造作为介入历史情怀的设计途径，滋生出有趣的街巷空间形态，是一种成功的方式。

在"虬江路 268、272、274 街坊城市设计研究"中，设计从项目所在片区整体更新的角度入手，提出"持续繁荣的虬江路市场"概念。项目紧邻上海轨道交通 3 号、4 号线宝山路站的虬江路市场。自 1914 年虬江被填河筑路之后，由于该地块处于当时的公共租界处，又紧邻上海北站，来往人流频繁，逐步形成了洋货旧货市场。到 1955 年左右，随着经济发展，虬江路旧货市场店摊成市，形成包括生活、生产资料，买卖修理各业俱全的综合性旧货市场。但在 1976 年虬江路市场一度成为专门的废旧物资商店和虹口五金工具商店，业务萎缩。改革开放后至今，这里又逐渐形成既有商品买卖，又有修理、代客打包、音响、电脑、电子设备、照相器材等的沿街店铺和综合型市场大棚，一手、二手货交易比较繁荣。

在可持续发展的今天，发挥轨道交通换乘站的优势，展现虬江路市场一个世纪的店摊经济综合性及旧货再利用的生活文化特征，将更有意义。因此，设计采用了街巷店铺空间作为经济载体，塑造上海新的可持续生活中心——虬江路缤纷生活市场，设置可持续生活的主题公共空间，传承虬江市场的历史情怀。紧邻的新建高层住区复兴了街坊轮廓，其社区中心与可持续生活中心共同形成完整的"轴、心"的空间结构，同时也顺应了人们出行的流动方向，实现"优结构、促文脉、提能级、增活力，发扬可持续生活"整体更新目标（图 4-12）。

引导 B　整合新旧要素，强化文脉底蕴

旧城区改造中，针对大量再利用价值较低的建筑物和片区，可以运用"新房旧街、彼此融合"的方法，延续原有的城市肌理和街道格局。

投资11亿英镑的欧洲最大的购物中心"利物浦一区"（Liverpool One Area），它的旧址是一片早已废弃的破旧建筑，占地约42英亩（约17hm²），改造后的"利物浦一区"则建设起包括一座"购物天堂"的混合功能区，有140万平方英尺的零售空间，一个14块银幕的IMAX多厅影院以及230000平方英尺的餐厅、咖啡馆和酒吧，以及600个新公寓、两间酒店、写字楼、五英亩的公园和一个交通枢纽。项目规划在保留街道格局的基础上，建起新现代风格的城市街区，延续生活在其中的人们对旧的城区街道的熟悉感与亲切感。该总体规划获得英国皇家建筑学会的斯特林奖（图4-13）。

伦敦市政府新建设的地铁工程横贯铁路（Crossrail）全长约118km，是欧洲最大的国内工程。这条穿越伦敦心脏地带、贯穿东西的地下隧道，同时设有支线连接希思罗机场和位于金丝雀码头的新金融区，建成使用后将把伦敦市中心和东南部连

图4-12　虹江路二手市场可持续更新设计研究——现状肌理、设计肌理、轴心结构、公共空间系统

图4-13　利物浦一区城市肌理的新旧融合（资料来源：http：//www.bdp.com/Projects/By-Name/F-L/Liverpool-ONE/；http：//farm4.staticflickr.com/3069/2711581532_a8fb2f6c34_z.jpg?zz=1http：//www.building.co.uk/Journals/Graphic/e/g/k/whodunit.gif；http：//www.india-buildings.com/img/content/location/aerial.jpg）

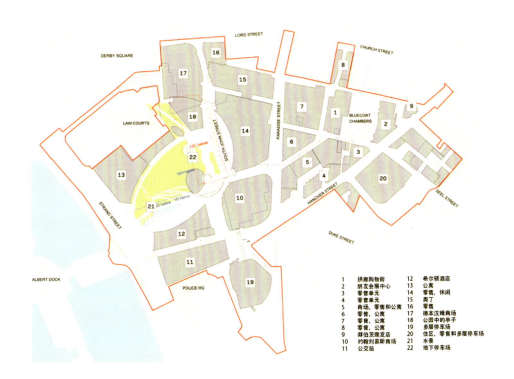

成一体，促进东部地区的经济发展。伦敦火车线路的承载量也将因此增加10%。整个工程投资巨大，造价接近160亿英镑，一期预计于2020—2021年通车，二期计划2030年完成。

诺曼·福斯特建筑事务所（Foster + Partners）、埃利斯与莫里森建筑事务所（Allies and Morrison）、约翰·麦康斯兰事务所（John McAslan）等英国知名建筑师和工程师事务所，参与了CrossRail（一期）位于市中心的八座新地铁站的方案设计。这八座新车站包括：帕丁顿（Paddington）、邦德街（Bond Street）、托特纳姆法院路（Tottenham Court Road）、法灵顿（Farringdon）、利物浦街（Liverpool Street）、白教堂（Whitechapel）、金丝雀码头（Canary Wharf）和海关大楼（Custom House）[1]。新车站成为进出各区的门户，各家方案均充分考虑了所在区域的风土文化，从当地人文环境中吸取灵感。新车站的每一座售票大厅都有各自不同的主题，带有地区名片的特征。当然，新车站在实用性上同样具有更高的流通性和更好的采光，不管是售票处和大厅空间，还是月台通道，都充分满足了未来乘客的自由流动需求。

以白教堂地铁站为例（BDP设计公司设计），白教堂地区是伦敦多种族聚集区，以孟加拉移民社区和穆斯林社区为主。新的白教堂站将使用现有的白教堂伦敦地铁和伦敦地上轨道（Overground）车站的入口，并将新站老站进行结合，不仅可以减少开挖工程，而且提升了老车站的历史风貌和独特艺术个性，成为社区引以为傲的作品（图4-14）。

1　http://www.britishcouncil.org/zh/china-arts-ukarts-fashion_and_design-article-crossrail.htm

引导 C 活化老建筑，营造城市名片与魅力社区

历经时间积淀、性格禀赋各异的众多老建筑静静地矗立在城市各处，从不同角度、不同层面阐述着城市的记忆。往事并不如烟，通过让这些老建筑和新发展共生共存，促进它们从被时空尘封转变为开放、积极的公共场所，提升整个社区的人文品质。

"上海四行仓库保护利用及部分复原抗战遗址"项目，设计通过保护及展示其最精华的"建筑西墙"，实现"时空沟通"的活化。西墙是上海四行仓库保卫战中战斗最激烈、受损最严重的部位，设计通过还原战争炮弹洞口，使战痕累累的西墙警世而立控诉侵略。西墙前方，引入纪念广场，西墙后面是城市纪念馆。"西墙、墙内、墙外"的整体设计，使这里成为海峡两岸爱国同胞们缅怀纪念的重要场所，也为周边居民提供了日常交流与记忆延续的空间（图 4-15）。

图 4-14 伦敦横贯铁路白教堂站（资料来源：http://www.crossrail.co.uk/route/stations/whitechapel/#.UbBRAuGoly4；http://www.bdp.com/Projects/By-Name/P-Z/Whitechapel-Crossrail-Station/）

图 4-15 上海四行仓库保护利用及部分复原抗战遗址

"郑州二砂文化创意产业园"项目,设计以工业历史文化保护传承为基础,进行工业遗产保护性再利用,结合文创功能导入、构建城市特色活力区融入郑州城市发展体系。设计强调二砂厂工业遗产的"新旧共生":首先保留二砂厂区的历史意向,将遗存下来的铁路网进行景观化处理,将红砖、砂轮等建筑材料进行利用,把历史元素栩栩如生地融入环境当中。其次,保留原厂办公楼,使它与城市入口广场相结合,保留原有厂区的入口区意向。同时规整厂区原有保留建筑,拆除保护价值低的、品质低的附属建筑,把烟囱、波浪形大厂房屋顶等元素展现出来,使历史遗存和公共空间发生良好的互动。再者,保护厂区的古树,延续厂区典型的绿色空间。最后,对厂区的保护建筑进行适度改造,导入文化创意功能赋予老建筑新的意义,建筑设计手法上强调新老建筑的结合,产生新旧共生的历史文化发展印记(图 4-16)。

在活化老建筑方面,日本有许多让人印象深刻的案例。老建筑的活化与再利用,再造了魅力社区。东京丸之内的东京火车站"JR东京站"就是一个典型代表。设计不仅保护、恢复了长达300m车站站屋古色古香的红砖建筑外貌和"石板+青铜"屋顶,还在站屋地下扩建了2层地下室,使用空间宽广。作为东京最重要的交通枢纽之一,不仅满足周边金融区的高强度通勤需求,更为金融区增添了在地的文化魅力和城市记忆,成为地区更新的亮点和名片(图 4-17)。

图 4-16 郑州二砂文化创意产业园的"新旧共生"(资料来源:上海建筑设计研究院有限公司;合作设计单位:同济大学城市与规划学院)

图 4-17 JR 东京站(资料来源:http://chiyoda-tokyo.sakura.ne.jp/seisiga/kobetsu/tokyostn.html;https://www.google.com/maps/dir///@35.6608117,139.7628632,2323a,20y,41.12t/data=!3m1!1e3)

第 4 章
基于社区人文需求的场所设计维度

071

第 5 章

基于能源高效利用的设计维度

能源是城市赖以持续发展的基础,
城市是能源活动的承载者。
城市设计可从能源利用角度拓展新思维。

低碳社区的重要特征之一是保障社区生活品质的情况下消耗较少的能源。这不仅要求提高单体建筑能效，而且需从建筑群体之间的能源关系出发，综合降低社区整体能耗。

本章从城市设计的角度探索低碳设计策略，实现整个社区用能高效和降低化石能源消耗。低碳社区建筑能源的高效利用需要协调建筑之间用能的平衡和互补；构建社区内合理的建筑空间物理环境，减少建筑用能需求；充分综合利用现场能源条件，减少对化石能源的依赖。

5.1 策略 9
基于能源高效利用的社区功能混合

人们对城市功能混合的认识一直以来经历着演变发展。从 1933 年《雅典宪章》根据城市的四大基本活动（居住、工作、游憩和交通），提出了城市功能分区，各个部分结合在一起形成完整城市；到 1977 年《马丘比丘宪章》主张城市是一个动态的系统，需要将各个部分有机结合在一起，强调各个部分的相互依赖性和关联性；再到 1999 年《北京宪章》倡导人居环境纳入环境循环体系，三个国际建筑宪章的发展历程显示了人们对城市功能混合理解的加深和拓展。进入 21 世纪，人们更多地思考城市的健康发展之路，注重城市的便捷高效、舒适安全、和谐活力、有机生长等要素。可持续发展观念越发深入城市建设，城市功能混合成为减少土地占用，减少交通能耗，激发城市活力，促进城市可持续发展的重要策略。城市功能混合越发趋向于提高系统效能的城市功能整合。

当前国际上采用的可持续社区评价标准对功能混合评价赋予一定的内容。BREEAM Communities、LEED ND、DGNB 等国际绿色社区评价标准，通过对社区内公共服务设施的种类、住宅类型的多样性、人口家庭结构情况等方面来评价功能混合。这些功能混合措施从生活的便利性、公共设施的利用效率和人员结构的多样化等方面，促进城市内部功能的有机融合。

本章力求从能源利用的视角，探究功能混合的合理混合度。一个社区的功能混合比例是否科学合理，需从多维度去判断，特别是从能源利用是否高效合理这个全新维度去判定，有助于社区的可持续健康发展。而现实情况，一个社区的功能面积比例，通常是在用地分类和土地开发强度确定的规划条件下，适应市场需求确定。功能面积比例一旦确定将导致功能区域的能源结构基本定型，直接影响到社区启用后的运行能耗。

建筑因不同功能类型存在用能强度和时间分布上的差异。例如上海市对大型公建的能耗监测显示，办公建筑：88.2kWh/（m²·a）、酒店建筑118.6kWh/（m²·a）、商业建筑144.8 kWh/（m²·a）[1]。建筑能耗在一天时间上的分布也有较大区别：通常情况下办公用能时间段一般集中在9：00—17：00；住宅用能一般集中在8：00以前和18：00以后；商业用能时间段一般集中在10：00—23：00之间。因此，建筑功能用能之间的差异形成功能混合社区用能的多样化。社区功能混合某些情况会造成城区用能的不平衡，造成能源不被充分利用而带来能源浪费。

另外，建筑在直接消耗大量能源的同时，产生多种形式的"废物"，如空调机组产生的冷凝热、冷凝水、洗浴废水等。"废物"往往是因没有在合适时机用在合适位置而被弃用的物品。这些"废物"从社区的角度能经过处理后能够合理再利用。从总体区域能源有效的利用的角度，通过功能混合实现能源平衡利用，能源互补和废物的再利用，是实现降低能源需求和能源高效利用的有效途径。

下面结合实际案例上海宝山上港城项目（图5-1），展示在探究功能合理混合实现能源高效利用过程中所采用的设计引导和工作方法。

案例：上海宝山上港城项目

上海宝山上港城项目位于上海市宝山区东北角，邻近长江与东海交汇口，基地面积50公顷，用地面积为28.67hm²（去除城市绿地），总建筑面积930563m²。项目主要功能包括办公、商业、酒店和住宅（图5-2）。

图 5-1 上港城项目鸟瞰图
图 5-2 上港城项目总体布局图

1　上海市住房和城乡建设管理委员会"2019年上海市国家机关办公建筑和大型公共建筑能耗监测及分析报告"。

引导 A 倡导社区用能时间互补的功能混合，减少项目用电负荷峰谷差

城市能源输入的主要形式是由外部电网输送高压电，经变压器降低电压后供给建筑用户使用。由于发电厂全天 24 小时不停运转，而电力基本不能储存，这就带来了电力是否能全天有效利用的问题。能源平衡利用，会使电网高效运转，减少电力损耗。提高变压器负荷率，能够为建设方节约初期投资和减少变压器运行损耗带来的额外费用。城市设计，根据项目功能特点，通过基于能源使用视角的功能混合比例分析，减少用电峰谷差，减少用电峰值负荷，提高变压器负荷率，促使整个供电系统的高效使用。

上港城项目在城市设计阶段综合考虑能源利用平衡。设计师在项目初期参考开发建设方对项目业态的初步设想，设定不同功能混合配比的 23 个案例（图 5-3），基本涵盖项目功能分布的各种可能性，每个案例代表项目可能选用的不同功能面积大小和所占比例。

全年能耗是评价社区能源高效利用的一项重要指标。根据功能和单位面积的能耗以及用能时间汇总计算得出。所计算的全年能耗主要包括空调、照明、其他用电设备等。通过对 23 种不同的功能混合模式的全年总用能量的比较，不难发现之间存在较大差别（图 5-4）。因此，规划伊始，在满足开发需求的同时，将此维度纳入选择内容，有助于甄选最优方案。

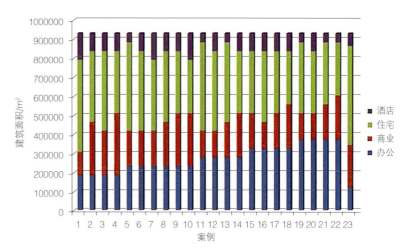

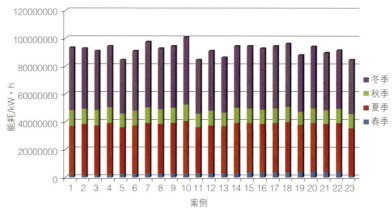

23 个功能配比案例的全年总用能量存在较大差别。结果表明案例 5、11、13、19、21 和 23 的能耗小于总体平均能耗，在能耗方面有较好表现。案例 4、7、9、10 和 18 能耗大，从用能角度评价有较差表现。

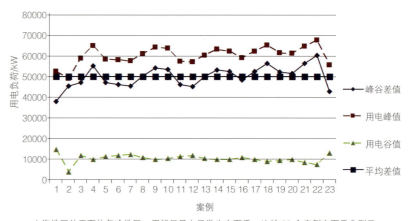

上海地区处于夏热冬冷地区，用能量最大日发生在夏季。比较 23 个案例在夏季典型日用电负荷峰谷差，可知案例 4、18、21 和 22 的峰谷差较大，会降低区域用能效率；而案例 1、3、5、6、7、11、12、16 和 23 的峰谷差小于基准值，有助于提高整个社区的用能效率。

用电峰谷差是评价社区能源高效利用的另一指标。为实现区域能源平衡利用，案例中最大日的用电峰谷差需保持较低的水平，从而充分发挥供电系统效能（图5-5）。

引导B 优化社区用能特征互补的功能混合，促进能源互补利用

不同建筑功能业态或同一功能业态的特殊功能，除在用能强度上和时间分布上的差异和互补，在用能的使用特征上也存在着区别与互补。每一类功能，其能源使用都存在着自身的特征。比如随着云计算、物联网、人工智能等新一代信息技术的快速发展，数据中心建设逐渐成为城区发展的基础设施。数据中心承担着处理海量计算任务，造成巨大能耗。数据中心一直来特别关注降低电源使用效率（PUE=数据中心总耗电功率/IT设备电功率）。PUE值越小，则说明数据中心的用电更多被服务器、网络设备、存储设备消耗掉。从能源系统利用效率来看，还需要关注提高能源再利用效率。除了IT设备电耗和和照明电耗，数据中心需要消耗40%以上的能量用于降温。数据中心全年每天24小时运行，产出大量的热能副产品。如果此部分热能回收后，可用来为周边公共建筑如医院、宾馆、疗养院等类型的建筑所需生活

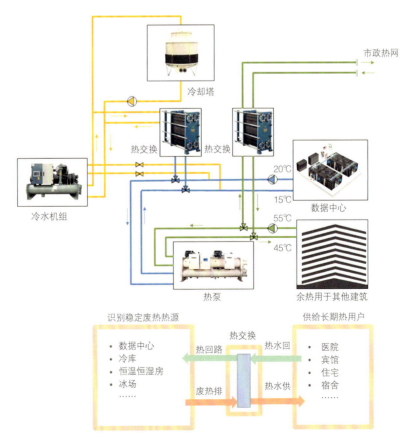

图 5-3　上港城项目建筑功能混合面积配比
图 5-4　上港城项目全年用电量估算
图 5-5　上港城项目夏季日用电负荷峰谷
图 5-6　数据中心余热废热利用系统示意图
图 5-7　能源互补利用多种用途

热水补充热量。不同功能类型建筑彼此可以依据能源使用特征，"互换、互惠、互补"，这为功能混合提供了一个能源互补利用的全新评判视角，用于理论支撑功能组合规划，实现低碳社区的目标。

数据中心利用机房冷冻水余热提取低品位热源，一方面提高市政供热温度，供给办公采暖；另一方面向机房返回15℃冷冻水用于机房制冷，减少机房冷却负荷和水资源消耗（图5-6）。

商场中的冷库、室内植物园、滑雪场、图书馆、档案馆等类似功能建筑也具有相似的能耗特征，需要在规划设计前期辨析特殊建筑功能的能源使用特点，识别与周围建筑是否存在"用能互补"，以实现高效节能的功能混合（图5-7）。

引导C　发挥社区功能规模效应，促使"废物"规模化再利用

建筑在使用过程中会产生一些"废物"，对于规模小的建筑来说"废物"产量很少的情况下考虑到回收经济效益小，通常会把它直接排放掉。在城市区域收集这些零星的"废"可以形成一个规模化的资源，"废物"回收利用的投资成本递减而收益扩大，达到变"废"为宝目标，实现经济效益和环境效益。

1）冷凝热的回收利用

高层建筑空调系统在夏季制冷的同时，冷却塔会产生大量的热。这些冷凝热通常直接被排到大气中。但是如果把它们收集起来加以利用，既可用于加热生活热水，又能减少热排放和改善社区热岛效应。合理的功能混合将使建筑产生的冷凝热较大比例的被利用（图5-8）。

2）冷凝水的回收利用

夏季建筑通过空调系统来保证室内环境舒适，而冷却塔补水量是循环用水量的1%，是整个建筑耗水大户。同时，空调在运行过程中也会产生大量的冷凝水，且产生的冷凝水具有低离子含量的特点，非常适宜作为冷却塔补给水（图5-9）。

3）年水耗及中水的回收利用

人们在日常生活中会使用大量的生活用水，而使用过的水可以分为两类：一类是从马桶、小便器或病房里出来的水，经处理后排至市政污水管道，可称之为黑水；另一类水是从洗脸盆和地漏中排出的水，经处理后可以再利用，这类水称之为灰水。中水是指由灰水处理可以用于冲刷厕所，绿化浇灌，清洗道路，甚至用于冷却塔补水的再生水。根据各类型建筑中淋浴，盥洗，厨房和冲厕等用水占比（表5-1）[1]，

各功能类型建筑分项给水百分比/%　表5-1

项目	功能类型		
	住宅	酒店	办公
冲厕	21	10	60
厨房	20	12.5	—
淋浴	29.3	50	—
盥洗	6.7	12.5	40
洗衣	23	15	—
合计	100	100	100

5-8
5-9
5-10

图5-8　生活热水能耗与冷凝热回收量比较
图5-9　夏季冷凝水补充冷却塔用水占比
图5-10　中水收集量与冲厕用水量

1　中华人民共和国住房和城乡建设部.民用建筑节水设计标准GB 50555—2010[S].北京：中国建筑工业出版社，2010.

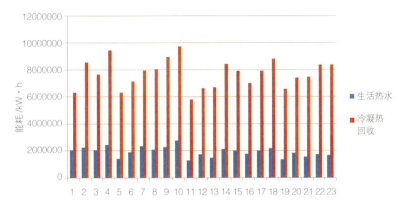

上港项目 23 个案例中产生的冷凝热远远多于整个社区生活热水需求的能耗。冷凝热的可利用率是指生活热水所需能耗与回收到的冷凝热的比值，该数值越大意味着冷凝热的利用率越高。结果表明，不同的功能混合会影响冷凝热的利用率：案例 1、2、3、6、7 和 10 冷凝热的利用率比较高，而案例 13、19、21 和 22 冷凝热的利用率比较低。

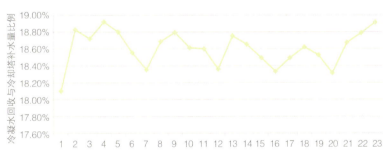

上港项目 23 个案例均产生大量的冷凝水，充分利用冷凝水，能够补充约 18.5% 的冷却塔用水，节约水量达 24700~37100m³。其中案例 2、4、5、9、22 和 23 可以为冷却塔提供较多的补水，而案例 1、7、12 和 20 的补水量较低。

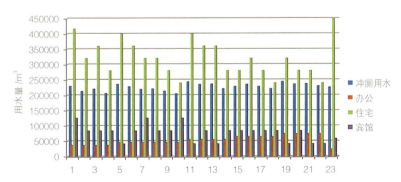

上港城项目 23 个例子中年生活用水量中冲刷厕所用水量和灰水产生量。可以看出来自居住建筑的灰水能够提供整个区域建筑的冲刷厕所用水。

可以估算出各案例中水的收集量（图 5-10）。

引导 D　基于用能多因子评价方法，指导选择最佳社区功能混合配比

社区整体能耗、水耗和"废物"再利用与社区功能混合配比有直接的关联。功能混合配比的变化，相应影响用能强度的变化。社区用能是否高效从社区年能耗，用电峰谷差，冷凝热回收和冷凝水利用以及中水和雨水的综合利用等方面表现出来。选择合理的项目功能混合配比，需要对这些方面进行综合评价，以减少社区的碳排放量。

碳排放估算有两种方式，一种是全生命周期的碳排放，包括设计建造阶段的碳排放和运营阶段的碳排放。如德国绿色建筑评价体系 DGNB 采用全生命周期的碳计算方法。另一种方法则采用使用过程中的碳排放量计算方法。如联合国环境署认为使用过程中的碳排放量占了 90%，是最重要并且易测算的。对于城市设计阶段，考虑到使用过程中的碳排放量与社区能耗、水耗有着紧密的关系，因此这个阶段的碳排放量估算主要考虑各功能建筑能耗、水耗等相关因子，在满足区域总体规划功能指标的基础上，综合考虑能耗和能效，为选择最佳功能混合提供依据和技术支撑（表 5-2）。

社区用能综合评价　　　　　　　　　　　表 5-2

案例	年能耗	用电峰谷差	冷凝热回收	冷凝水利用	年水耗	碳排放量
案例 1						
案例 2						
案例 3						
案例 4						
案例 5						
案例 6						
案例 7						
案例 8						
案例 9						
案例 10						
案例 11						
案例 12						
案例 13						
案例 14						
案例 15						
案例 16						
案例 17						
案例 18						
案例 19						
案例 20						
案例 21						
案例 22						
案例 23						
	优		良		差	

从项目社区用能的综合比较来看（表5-2），案例5和案例23有最佳的表现，它们的共同特点是住宅在整个项目中的比例占到50%以上，而公共建筑中办公的比例大于商业，酒店的比例最小，有利于整个项目综合能效的最佳配比。案例6和案例11表现较好，住宅在整个项目中所占比例最大，而公共建筑中办公比例大于商业，酒店比例最小。在功能配比中应避免案例18，它的特点是住宅面积小，而办公面积大，同时酒店的比例较大。从以上分析可以看出，合理的功能混合配比应是住宅面积占比最大，办公面积其次，而酒店面积占比最小。

5.2　策略 10
基于减少用能需求的社区形态

社区内建筑的用能需求不只是与建筑功能和建筑性能相关，还与室外环境有密切关联。室外环境由区域气候和城市微气候条件综合决定，直接影响室内的采光、通风和热环境，从而改变建筑用能需求。两个气候条件中城市微气候与城市设计的关系更加紧密。城市微气候是由城市建筑群，人们生活中的热量释放和城市地面下垫层对热吸收和反射等因素，形成区域小气候特征。近大地表面的建筑所形成的大气层城市冠层（从地面到建筑平均高度），是影响建筑微气候的重要因素。建筑密度决定了近地面处的大气动力粗糙度，影响室外近地面风速和气流分布。建筑高度与建筑之间形成的街区宽度造成了建筑立面上太阳辐射量分布的变化。

营造良好的社区室外环境，需要从城市设计角度，结合区域气候特征，对建筑朝向、街区空间、布局形态和室外表面材料等整体考虑。

引导 A　结合周边环境调整建筑布局朝向，形成遮阳型外部空间与建筑形态

建筑采用适宜的遮阳措施是降低室内太阳辐射过分得热的一个重要策略。以4mm厚普通玻璃为例，在没有遮挡的情况下，83%的太阳辐射热进入室内，其中长波辐射热为77%，对流得热6%[1]。由此可见对外窗或透明幕墙采取遮阳措施是减少太阳辐射热进入室内，降低空调热负荷的关键途径。

建筑遮阳效果可以通过安装遮阳设施和利用外部环境遮挡阳光直射来实现。遮阳设施是建筑中常用的遮阳方式，一般在建筑设计阶段考虑。另外，合理的外部空间布局与建筑形态也能够减少建筑外表面太阳辐射量达到遮阳效果。典型案例如阿布扎比的马斯达尔城，建筑之间街道限制为在3m宽。它的一个重要目的是减少当地太阳强光直接辐射，达到建筑遮阳效果。在城市设计中，建筑群体的建筑朝向、空间布局、社区路网走向将影响建筑外表面上的太阳辐射强度分布，从而可以减少建筑遮阳设施的设置范围。

根据我国气候区域划分，不同气候区域的建筑设计要求和遮阳时段有所差别（表5-3）。

各气候区域建筑遮阳时段　　　　　表5-3

气候区域	建筑设计要求	遮阳时间期
严寒地区	冬季保温防寒防冻	6~8月
寒冷地区	冬季防冷兼顾夏季防热	6~9月
夏热冬冷地区	夏季防热兼顾冬季防冷	6~9月
夏热冬暖地区	夏季防热	4~10月
温和地区	防雨和通风	5~8月

1　李峥嵘, 赵群, 展磊. 建筑遮阳与节能[M]. 中国建筑工业出版社: 2009.

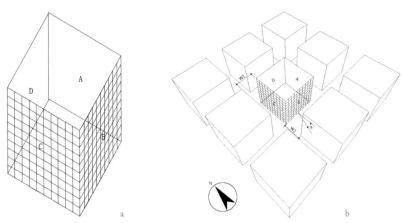

模型设定条件说明：地理位置设为上海市；时间周期设为夏季（6~9月），8：00-18：00时段；建筑围护结构外表面反射系数设为0.549，同混凝土墙面反射系数。区块立面设定：区块朝向为正南向，按顺时针方向分别为立面A（东）、立面B（南）、立面C（西）、立面D（北）。各立面划分为10X10个单元。

建筑遮阳要求可从以下4个条件来判断[1]：①室内气温大于29℃；②围护结构每小时接受的太阳辐射强度高于280Wh/m^2；③阳光照射室内深度大于0.5米；④阳光照射室内时间超过1小时。当室内具备以上条件或高标准房间具备其中1项时需要设置遮阳措施。

本章节设定夏热冬冷地区、6~9月为气候区域和遮阳时间期，选取"围护结构"每小时接受的太阳辐射强度高于280Wh/m^2为遮阳设置判定条件，以城市中的一个区块（100m×100m×100m）为例（图5-11a），放置于周边相同区块的环境中（图5-11b）。通过区块朝向偏西和偏东朝向的等角度变化和区块间距W1和W2的等差值变化，分析其对区块四个立面A、B、C、D太阳辐射强度的影响。

本章节太阳辐射分析通过建立数字模型，借助于模拟计算完成。采用国际上认可的ECOTECT（版本Autodesk Ecotect Analysis2011），利用其中的太阳辐射分析功能进行模拟计算（图5-12）。其中的太阳辐射数据源自Energy Plus提供的气象数据[2]。独立区块的太阳辐射强度模拟结果验证了输入数据和分析方法的可行性和有效性（表5-4）。

在独立区块模拟验证基础上，研究城市区块朝向对立面太阳辐射强度的影响通过下列7个案例展开。假定区块间距固定（W1=0.3H，W2=0.4H，H为区块高度），以立面B法线与南北向夹角a为变量（图5-13），变化角度间隔15°，按顺时针方

---

1 《建筑设计资料集》编委会.建筑设计资料集（第二版）[M].中国建筑工业出版社，1994.
2 气象数据源自联合国环境计划资助的"太阳能和风能资源评价"项目。

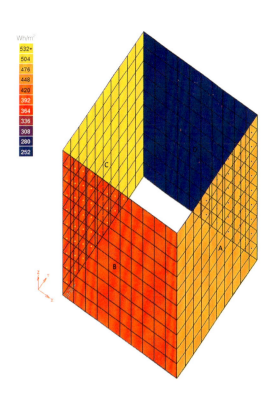

独立区块立面夏季太阳辐射强度　　　　　　　　　　　　　　　　表5-4

	朝向	立面A	立面B	立面C	立面D
太阳辐射强度（W·h/m²）	南偏东45°	296	566	479	341
	南偏东30°	386	513	467	243
	南偏东15°	461	435	432	140
	正南向	538	350	427	67
	南偏西15°	551	389	352	83
	南偏西30°	556	411	413	202
	南偏西45°	574	481	334	300
需设遮阳面积比例/%	南偏东45°	100	100	100	100
	南偏东30°	100	100	100	0
	南偏东15°	100	100	100	0
	正南向	100	100	100	0
	南偏西15°	100	100	100	0
	南偏西30°	100	100	100	0
	南偏西45°	100	100	100	100

图 5-11 城市区块建筑模型示意图（a 单栋，b 群体）
图 5-12 独立区块夏季太阳辐射强度分布图

独立区块立面上的太阳辐射强度分布与朝向密切相关。表5-4描述了无周边环境影响条件下区块立面上的太阳辐射强度。结果显示立面 A 在南偏东转动中太阳辐射强度随转动角度增大而减少，在南偏西转动中则随转动角度增大而增大。立面 B 在正南向时太阳辐射强度最小，南偏东或南偏西转动都会随转动角度增大而增大。立面 C 在南偏东转动中太阳辐射强度随转动角度增大而减少，在南偏西转动中太阳辐射强度随转动角度增大而减小（南偏西30°例外）。立面 D 在南偏东或南偏西转动中太阳辐射强度均会随转动角度增大而增大，立面 D 在偏东和偏西30°范围不需考虑遮阳。

向依次形成南偏东45°，南偏东30°，南偏东15°，正南向，南偏西15°，南偏西30°，南偏西45°等7个案例。

表5-5反映了以上7个案例立面的太阳辐射强度分布与遮阳面积比例情况。太阳辐射强度分布图反映了太阳辐射强度在立面单元的表现。当立面单元的太阳辐射量大于280W·h/m² 时，判定为需设遮阳。需遮阳面积比例为符合设置遮阳的立面单元面积与所在立面面积之比。它反映了朝向变化对建筑遮阳的影响情况。

以上分析表明，建筑朝向对建筑各立面上的太阳辐射分布有较大程度的影响，各个建筑立面上的需遮阳面积因朝向角度的不同产生变化。城市环境中的建筑遮阳受周边环境影响，判断是否需设置遮阳要结合建筑周围环境进行具体分析确定。建筑在实践应用中可部分转形体呼应复杂的外部环境。在城市设计阶段，建筑应根据

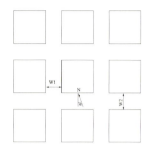

区块朝向对立面太阳辐射强度分布与需遮阳面积比例的影响　　　　表5-5

朝向	内容	立面A	立面B	立面C	立面D
南偏东45°	太阳辐射强度分布图				
	需遮阳面积比例/%	59	85	82	75
南偏东30°	太阳辐射强度分布图				
	需遮阳面积比例/%	62	88	76	0
南偏东15°	太阳辐射强度分布图				
	需遮阳面积比例/%	72	93	72	0

续表

朝向	内容	立面A	立面B	立面C	立面D
正南向	太阳辐射强度分布图				
	需遮阳面积比例 /%	66	67	68	0
南偏西15°	太阳辐射强度分布图		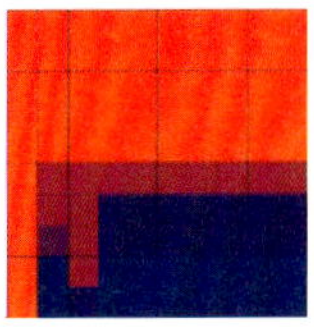	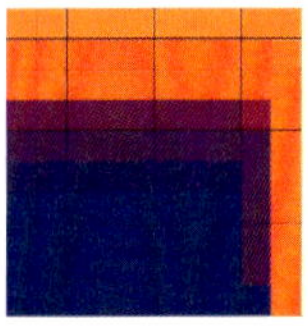	
	需遮阳面积比例 /%	67	84	67	0
南偏西30°	太阳辐射强度分布图		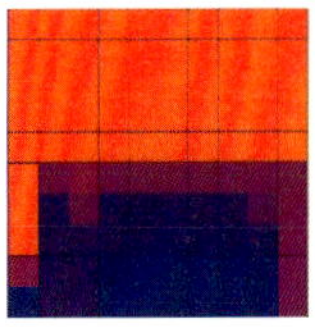	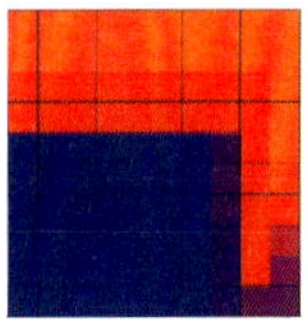	
	需遮阳面积比例 /%	68	87	58	0
南偏西45°	太阳辐射强度分布图				
	需遮阳面积比例 /%	71	88	57	74

立面 A 在南偏东转动中需遮阳面积比例随转动角度增大而降低减小，在南偏西转动中则随转动角度增大而增大。立面 B 在南偏东或南偏西转动中需遮阳面积比例均会增加。立面 C 在南偏东转动中需遮阳面积比例随转动角度增大而增加，在南偏西转动中则随转动角度增大而减小。立面 D 在南偏东或南偏西转动 30°范围内，需遮阳面积比例均为 0；当南偏东或南偏西转动超过 45°时，需遮阳面积比例大幅度增加。

项目周边环境与项目实际情况核算各立面的太阳辐射强度，以确定合理的建筑总体朝向布局，形成节能型的空间社区形态。

引导 B　控制道路宽度，形成社区节能型街道

社区中建筑间距限定了道路宽度，通过研究建筑间距变化对建筑立面太阳辐射的影响，观察建筑间距变化对建筑立面太阳辐射分布是否产生有效遮阳（表 5-6a，表 5-6b），探索适宜的道路宽度，形成节能型街道。

图 5-13　城市区块模型总体平面图

区块东西间距对立面太阳辐射强度分布与需遮阳面积比例的影响　　　　　　　　　表5-6a

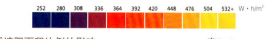

东西间距	内容	立面A	立面B	立面C	立面D
0.2H	太阳辐射强度分布图				
	需遮阳面积比例 /%	46	63	44	0
0.25H	太阳辐射强度分布图				
	需遮阳面积比例 /%	55	64	55	0
0.3H	太阳辐射强度分布图				
	需遮阳面积比例 /%	66	67	68	0
0.35H	太阳辐射强度分布图				
	需遮阳面积比例 /%	76	69	76	0
0.4H	太阳辐射强度分布图				
	需遮阳面积比例 /%	84	71	79	0
0.5H	太阳辐射强度分布图				
	需遮阳面积比例 /%	100	74	93	0

在城市区块正南朝向和南北间距 0.4H 条件下，通过分析东西间距分别为 0.2H、0.25H、0.3H、0.35H、0.4H、0.5H 等 6 个案例，可得知在南北间距不变情况下，随着东西间距增大，立面 A、C 需设遮阳面积比例不断增加。当东西间距达到 0.5H 时，周边环境对立面 A、C 的遮阳作用微弱。东西间距增大同样会使立面 B 需设遮阳面积比例有一定增加。立面 D 不受东西间距变化影响。

区块南北间距对立面太阳辐射强度分布与需遮阳面积比例的影响　　　　　表5-6b

252　280　308　336　364　392　420　448　476　504　532+　W·h/m²

南北间距	内容	立面A	立面B	立面C	立面D
0.2H	太阳辐射强度分布图				
	需遮阳面积比例 /%	64	36	64	0
0.25H	太阳辐射强度分布图				
	需遮阳面积比例 /%	64	55	65	0
0.3H	太阳辐射强度分布图				
	需遮阳面积比例 /%	64	58	66	0
0.35H	太阳辐射强度分布图				
	需遮阳面积比例 /%	65	59	67	0
0.4H	太阳辐射强度分布图				
	需遮阳面积比例 /%	66	67	68	0
0.5H	太阳辐射强度分布图				
	需遮阳面积比例 /%	67	84	68	0

在城市区块正南朝向和东西间距 0.3H 条件下，通过分析南北间距分别为 0.2H、0.25H、0.3H、0.35H、0.4H、0.5H 等 6 个案例，可得知在东西间距不变情况下，随着南北间距增大，立面 B 需设遮阳面积比例不断增加。南北间距增加到 0.5H 时，立面 B 需遮阳面积比例大幅度增加。南北间距增大同样会使立面 A、C 需设遮阳面积比例有少量的增加。立面 D 不受南北间距变化影响。

比较分析东西间距和南北间距的变化对需遮阳面积比例的影响，可以得知东西间距对需遮阳面积比例的影响大于南北间距。这对城市设计街道宽度有一定启示。在对建筑遮阳要求高的区域，建筑东西间距减小比建筑南北间距减小更有利于形成建筑遮阳。在容积率和建筑密度相同情况下利用减少南北向道路宽度可以更有效实现建筑环境遮阳，形成良好的节能型街区。

在城市设计阶段，通过分析城市区块间距对立面太阳辐射强度的影响，为小街区窄路密网的布局，提供合理性的技术支撑。

案例：上海临空 10-3 地块建筑

上海临空 10-3 地块建筑是由公寓式酒店及商业和公寓式办公，商业及会展中心组成的多功能的综合性建筑（图 5-14）。项目的建筑设计特征和外部环境条件决定

图 5-14 上海临空 10-3 地块总平面图

上海临空10-3地块外部环境与建筑遮阳	表 5-7
9:00	10:00
11:00	12:00
13:00	14:00
15:00	16:00
17:00	18:00

案例在规划设计阶段利用周边环境和建筑空间形态,通过模拟分析夏至日太阳辐射和建筑阴影区,调整建筑布局和形体,形成建筑自遮阳,增加室外人员活动场地阴影区面积(表5-7)。

了其外窗遮阳的复杂性。建筑布局呈"Z"字形，外窗有多种朝向，决定了多种形式的遮阳方式。建筑体型多变，有较大悬挑和架空，形成建筑自遮阳。建筑西向毗邻两栋相同高度的建筑，利用周边环境遮阳在一定程度上减少西晒。

引导C　权衡判断建筑太阳辐射得热，选择合适的建筑总体空间布局

太阳以电磁辐射形式向地球不断输送能量，为人类提供赖以生存的自然环境。太阳辐射包括太阳直射、散射和反射。太阳直接辐射是阳光无遮挡的直接投射的辐射，而太阳散射辐射是来自大气中的云和尘埃的散射作用产生的辐射，反射是来自地面和周边环境的反射辐射。太阳光投射到建筑表面，一部分被外围护结构吸收，成为蓄热体，持续向室内外放射热量；一部分被外墙面反射到建筑周边；还有一部分透过窗洞进入室内，形成室内自然采光和热环境，满足人们健康和心理要求。

控制建筑表面太阳辐射是维持室内舒适环境，减少建筑能耗的必要途径。一方面，建筑需要太阳辐射：室内自然采光，冬季太阳带来的采暖热量，太阳能可再生能源。另一方面，建筑又需要避开太阳辐射。夏季过度的太阳辐射造成室内温度升高，增加空调冷负荷，因此需采取遮阳措施减少太阳辐射得热。这就需要以年为周期综合考虑建筑太阳辐射得热。

城市设计在控制性详规和修建性详规对土地的使用性质和开发强度确定的条件下，研究不同城市空间形态造成的建筑表面上的太阳辐射量的变化，有助于选择适宜的建筑空间布局，充分利用太阳能。

城市中建筑布局形态变化多样，首先需要对形态进行抽象归纳以便在设计研究中确定重点。建筑布局形态以代表性的类型为标准，通过对道路围合区块的城市用地进行采样，并对常见建筑布局类型的基本特征，分析归类为五种典型类型（表5-8）。

太阳辐射量与项目所在位置（维度，海拔高度）和气候特征（日照时间，天气状况）等相关。研究项目所在地全年各月份太阳辐射量和每日太阳辐射量集中时段，确定合适的分析条件。案例假定位于上海地区，其全年各月份的太阳辐射量情况见表5-9。

常见建筑布局形态类型　　　　表 5-8

类型	特点	常见应用区域	典型轴侧模型	案例
行列式	行与行之间有节奏阵列；内外部空间单一规整	住宅区，学校，宿舍		万源新城
围合式	建筑之间形成围合空间；内外空间有别，围合感强	校园，公共建筑群，住宅小区		上海展览馆
分离式	建筑之间有一定距离；外部空间独立，分散灵活	办公建筑群，住宅小区		世博央企总部
混合式	包含行列式和分离式等；外部空间多变	产业园区，住宅小区		IBP 产业园区
独立式	单独建筑综合体；单体突出、外部空间衬托	商业综合体，会展中心		国家会展中心

典型的建筑布局形态抽象为五个案例（用地区域 200m×200m 见方，容积率和建筑密度相同，各建筑单体高度相同，建筑布局均为正南向），其形态和特征见表 5.8（宽高比是指建筑与建筑之间的距离与建筑高度之比，独立式的宽高比是指沿南北轴线方向建筑与场地边线之间的宽度与建筑高度之比）。

上海地区月水平面日均太阳辐射量（W·h/m²）　　　表5-9

月份	1月	2月	3月	4月	5月	6月	7月	8月	9月	10月	11月	12月
日均太阳辐射量	1988	2929	2877	3968	4604	4181	4260	3740	3922	3205	2479	2383
8~18点太阳辐射量	1900	2745	2628	3583	4095	3667	3784	3360	3650	2999	2344	2275

上海地区太阳辐射量比较大的月份主要在夏季时段7月份，太阳辐射量较小的月份为冬季1月份。8:00—18:00时间段的太阳辐射量占总量的87%以上，能够较准确反映一个建筑所受太阳辐射情况。

　　独立建筑不受外部环境影响，其全年各立面太阳辐射强度特点是了解建筑布局形态和太阳辐射关系的基础，结果见图5-15。

　　相比独立建筑，建筑布局形态中各建筑相互影响立面太阳辐射量。通过模拟计算，比较分析各建筑布局形态的立面太阳辐射量。根据立面太阳辐射量特点，选择满足功能使用基础上的建筑布局形态，对于项目的能耗，以及健康、舒适环境形成起到指导作用（图5-16）。

　　建筑立面太阳辐射得热是影响空调系统冷热负荷的重要因素。冬季（12~3月）室内环境以采暖为主，太阳辐射得热可减少空调系统热负荷；夏季（6~9月）室内环境以制冷为主，太阳辐射得热可增加空调系统冷负荷。过渡季（4月、5月、10月、11月）室内环境趋于冷热平衡状态，空调系统以新风为主，太阳辐射得热对空调系统影响小。各布局形态建筑立面太阳辐射总量在冬季、夏季和过渡季的表现有助于根据功能选择合适的类型（图5-17）。

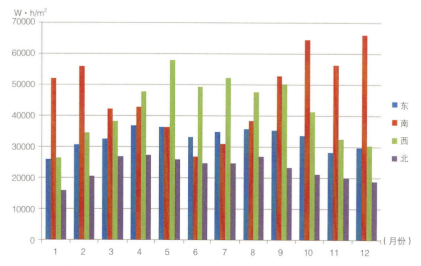

独立建筑四个立面的太阳辐射强度在全年12个月份有较大差异。四个立面中，南立面的太阳辐射强度全年有7个月（1~3月和9~12月）为最大值，西立面的太阳辐射强度全年有5个月（4~8月份）为最大值，北立面的太阳辐射强度全年均为最小值。南立面和西立面的太阳辐射强度在冬季和夏季有较大幅度波动。这些表明建筑冬季充分利用南立面获得太阳辐射，夏季尽量避免西立面遭受太阳辐射。这些表明建筑冬季充分利用南立面获得太阳辐射，夏季尽量避免西立面遭受太阳辐射。

通过对建筑布局形态与太阳辐射关系的研究,可以得出下列结果:

建筑布局形态对立面太阳辐射总量有较大影响,五种类型的立面总太阳辐射总量有明显区别。选择合适的建筑布局形态有助于充分利用太阳能,有利于建筑节能,形成健康、舒适环境。

太阳辐射对全年建筑能耗利弊共存,太阳辐射在冬季为建筑带来被动采暖,而在夏季增加了建筑空调负荷。需要平衡判断太阳辐射量,选择合适的建筑布局形态。

从冬夏季节立面太阳辐射热平衡角度验证了不同功能类型的建筑与适宜的布局形态。如行列式能够充分利用太阳辐射得热优势,对以被动技术策略为主的项目比较有利,适宜于住宅小区,校园建筑等;独立式布局形态受太阳辐射影响小,适宜

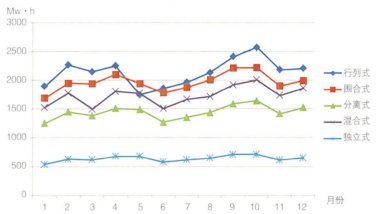

比较五种布局形态建筑立面太阳辐射总量在一年中的变化,从总体趋势来看,1月份的立面太阳辐射总量为最小值,10月份的立面太阳辐射总量达到最大值。在五种布局形态中,行列式的立面太阳辐射总量一年中变化幅度最大,独立式的立面太阳辐射总量一年中变化幅度最小。

图 5-15 独立建筑各朝向立面单位面积月累计太阳辐射强度(资料来源:上海建筑设计研究院有限公司)

图 5-16 建筑布局形态影响建筑立面全年太阳辐射量(资料来源:上海建筑设计研究院有限公司)

图 5-17 布局形态对建筑立面各季节太阳辐射强度的影响(资料来源:上海建筑设计研究院有限公司)

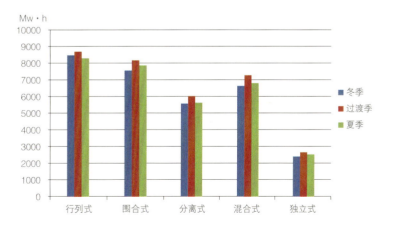

行列式布局立面冬季的太阳辐射量大于夏季的太阳辐射量。围合式、分离式、混合式和独立式布局立面冬季的太阳辐射量小于夏季的太阳辐射量。围合式布局立面夏季太阳辐射量与冬季的太阳辐射量的比率高于分离式、混合式和独立式布局。这些说明行列式布局有利于冬季需要太阳辐射占比大的建筑类型,围合式布局则更需要避免西立面太阳辐射。

于大型集中式建筑，如商业综合体等。分离式和围合式布局形态受太阳辐射影响程度适中，适宜于采暖和制冷较采用较灵活形式的建筑类型。

引导D 优化室外建筑空间布局，改善风环境和建筑自然通风

低碳社区设计中需要考虑相关风的两个因素：

一、建筑室外空间布局影响室外风环境。室外风速、风速放大系数和涡旋区这些指标用于判断室外风环境的舒适性。在冬季典型风速和风向条件下，建筑周围人行区风速小于5m/s且室外风速放大系数小于2；夏季和过渡季无涡旋区。

二、室内自然通风。在过渡季节和夏季合适的时间段，利用自然通风能够改善室内热舒适环境，减少空调等机械设备的使用时间，从而降低建筑能耗。

室外人行高度的风速在城市设计阶段可以通过经验方法进行估算。首先通过对风吹过建筑的流型进行认识，然后利用理论公式估算风速。风速在建筑周围的评估与风绕过建筑的特征相关。

根据奥凯[1]（Oke）的研究（1988），风绕过建筑形成三种流型：孤立粗糙流，尾流扰流和爬越流（图5-18），而流型的产生与建筑高度与间距的比值有关。孤立粗糙流定义为当建筑高度与建筑间距的比值小于0.3时，风绕过建筑的流场几乎不受周围建筑影响。建筑高度与建筑间距的比值在0.3～0.65之间时，发生尾流扰流。尾流扰流是风绕过建筑后，由于空间限制在没有完全恢复的情况下受下风侧建筑影响。当建筑高度与建筑间距的比值大于0.65时，发生爬越流，风绕过建筑大部分没有进入峡谷，从建筑上空越过，漩涡风速不受街道上空的风速影响。

在孤立粗糙流和尾流扰流条件下，低于建筑高度的风速可以通麦克唐纳（Macdonald）[2]的公式估计：

$$U_z = U_H \exp[a(z/H-1)]$$

其中 U_z 是风速在峡谷中的高度 z 处的风速，H 为建筑高度，$\alpha = 9.6\lambda f$，λf 为迎风面建筑面积与用地面积的比值。

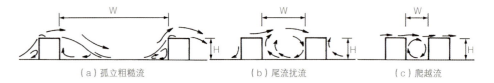

（a）孤立粗糙流　　　　（b）尾流扰流　　　　（c）爬越流

1　MACDONALD, R. W. Modelling the mean velocity profile in the urban canopy layer[J]. Boundary-layer Meteorology.（2000）97（1），25-45.
2　OKE T. Street design and urban canopy layer climate [J]. Energy and Buildings, 1988, 11，103-113.

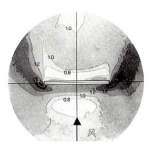
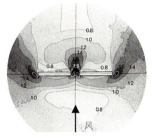
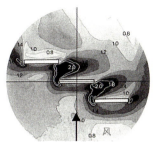

H=35m, L=160m, B=10m　　　　H=50m, L=80m, B=10m, t=20m　　　　H=50m, L=80m, B=10m, S=40m
　　　　　　　　　　　　　　　　　　　　　　　　　　　　　　　　　建筑错平行布局，间距 80m

在爬越流条件下，建筑之间的空间可以视为街谷空间。欧洲科研项目"城市环境中的自然通风"[1]（URBVENT）对城市自然通风进行理论与实践研究，根据URBVENT 的研究结果，当街谷的长宽比大于 20 时，风向沿街道轴线（±15°）时，街道内风速为：

$$U_z = U_H \cdot \exp\left(\frac{z}{Z_0}\right)$$

其中 Z_0 是地面的粗糙长度，z 是距地面的高度。

当风向与街谷轴线垂直或大于一定夹角（±75°）时，街道内人行高度处的风速不受街道上空风速影响，风速低，不会对行人和其他活动产生影响。

城市自然通风的可能性与建筑布局有密切关系。沿过渡季节和夏季主导风向，建筑之间有较大距离或通过前后排错位排列保持较大距离，使建筑之间的高宽比小于0.65 时，风可以透过前排建筑的空隙达到后排建筑，形成孤立粗糙流型和尾流扰流型，建筑之间的风速受建筑影响小，可以采用风驱动自然通风模式。当在主导风向下建筑高度与建筑之间的距离大于 0.65 时，城市街道内风速弱，不利于采用风驱动自然通风，城市街道内建筑可以采用中庭，竖向风道等形式产生烟囱效应来获得自然通风。

风速放大系数可用于对建筑周围风速和风场的判断。风速放大系数是相同高度建筑周围某处的风速与未受建筑影响的来流风速的比值。它与建筑的形体和布局相关（图 5-19，图 5-20），也可以通过模拟估算出建筑可能发生风速加速的位置。

根据布罗肯（Blocken）的研究，风速放大系数大于 1 的情况往往发生在迎风面建筑角部周围，因此建筑入口应该避免开在建筑的角部。两个建筑之间的人行通

图 5-18　风绕流的三种流型[1]
图 5-19　建筑平面布局与风速放大系数[2]

1　GHIAUS C, ALLARD F. Natural ventialtin in the urban environment: assessment and design [M]. London: Earthscan. 2005.
2　BLOCKEN B, CARMELIET J. Pedestrian wind environment around buildings: literature review and practical examples [J]. Journal of Thermal Environment & Building Science, 2004, 28 (2): 107-159.

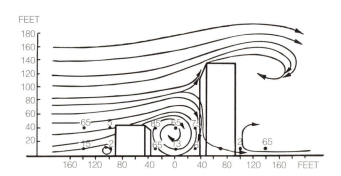

道能够产生缩流现象，使风速加速，特别是风与建筑主体成一定角度时，风压差大，风速放大，最大放大系数为 1.8。这种情况下需要避免直通式通道形式或在通道前面设置屏障，减少穿过风速。错行平行布局在一定的风向和风速能够产生迎风面和北风面大的风压差，风速放大系数可能达到 2.0 以上（图 5-19）。

　　风速放大系数在建筑周围的变化与建筑高度，形状和周围环境相关。当风吹向高层建筑，会产生风向下沉，在建筑迎风面与前面建筑形成放大风速，风速放大系数约 1.3。因此高层建筑周围应减少布置休闲娱乐区，除非采用顶棚去遮挡建筑主体下洗风从而避免建筑迎风区形成涡流（图 5-20）。

　　合理组织城市中建筑间距和高度有助于城市风环境和建筑通风。主风道通过道路、空旷场地和低层楼宇走廊形成，能引导气流深入高层建筑林立的都市区。街道应与主导风方向平行或最大成 30° 夹角。建筑高度应避免一致，沿风向梯级升高有利于改善建筑群的通风[1]。城市空间的复杂性对于城市风环境和建筑通风的评价在经验的基础上，还可以通过计算机流体模拟（CFD）对建筑之间空间变化进行研究（表 5-10），以便探索空间变化对风环境的影响（图 5-21，图 5-22），形成建筑空间布局风环境优化策略（表 5-11）。

建筑空间布局优化策略

　　建筑空间布局影响风环境的舒适性。一些风环境敏感区域：如滨江、滨海、郊区等空旷区域，人行高度风速较大；超高层建筑周边风速易突然放大；密集城区，易形成涡流区或无风区，需要利用建筑空间布局优化策略，改善风环境（表 5-11）。

图 5-20　建筑周围空间风速放大系数[2]
图 5-21　建筑之间风环境模型
图 5-22　CFD 模拟分析建筑之间风环境

1　吴恩融. 空气流通评估方法可行性研究 [D]. 香港：香港中文大学，2005.
2　BLOCKEN B, CARMELIET J. Pedestrian wind environment around buildings: literature review and practical examples [J]. Journal of Thermal Environment & Building Science，2004，28（2）：107-159.

城市空间风环境研究分析主要变量为风向上前后建筑高度之比（H1/H2）和前排建筑高度与前后建筑距离之比（H1/W）。H1/W设置为1:4，1:2，1:1，分别代表孤立粗糙流，尾流扰流和爬流三种流型；H1/H2分别为1:1，1:2，1:3，1:4。街道内的测试点为街道空间中间位置距地面1.5m高处五个点，沿街道宽度方向分别距墙面0.1W（A）、0.3W（B）、0.5W（C）、0.7W（D）、0.9W（E）。

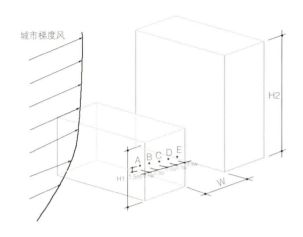

街谷无量纲风速　　　表5-10

H1/W	H2/H1	A	B	C	D	E
0.25	1	0.28	0.10	0.53	0.65	0.33
	2	0.30	0.09	0.47	0.56	0.26
	3	0.07	0.57	0.82	0.71	0.32
	4	0.11	0.46	0.79	0.71	0.32
0.5	1	0.06	0.04	0.20	0.25	0.11
	2	0.07	0.04	0.11	0.18	0.07
	3	0.03	0.03	0.13	0.16	0.07
	4	0.09	0.07	0.12	0.19	0.09
1	1	0.06	0.13	0.16	0.13	0.07
	2	0.06	0.12	0.14	0.11	0.07
	3	0.17	0.32	0.37	0.30	0.20
	4	0.08	0.15	0.17	0.13	0.09

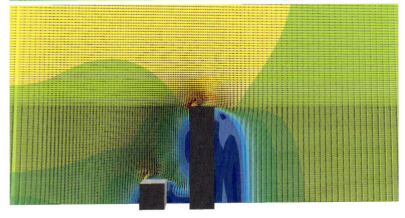

室外风环境的预测采用计算机流体模拟（CFD）计算分析。所采用的软件为PHOENICS，湍流模型为标准k-ε模型。建筑网格划在近壁面1.5m以下设5个网格。各工况设置边界条件和网格划分方法相同。

以入流风速2.8m/s（10m高风速）为参考值，对街道空间1.5m高处观察点风速进行无量纲分析。沿风向上的建筑前后间距对风速的影响大于建筑高度差对风速的影响。随着建筑前后间距的增大，街区内人行高度的风速逐渐增大。这是由于风掠过上风建筑后在街区内随着建筑间距增大趋向恢复来流风速。建筑之间的风速在靠近街区中心位置出现最大值。在靠近迎风建筑的区域，风速值往往较小。建筑之间的距离小于最低建筑高度时，建筑之间的风速将会由于建筑高度差的增加而增大，这主要是由于从较高建筑立面形成的下洗风在较小的空间内发展，对风速有加速影响。

建筑布局形态风环境优化策略			表5-11
	优化前空间布局	优化后空间布局	说明
独立式			迎风面转角周边易产生风速放大，造成不舒适风环境。通过转角削角或圆角处理使风速路径贴合侧面，减少周边风速放大系数，形成室外舒适风环境和通风
行列式			行列式布局因前排建筑遮挡易产生涡旋或无风区，不利于通风。通过错列式布局调整，形成室外舒适风环境和通风
半围合式			半围合式布局易形成涡旋，不利于通风。通过风路径上的围合体开口，并对开口做挡风处理，形成室外舒适风环境和通风
围合式			围合式布局易造成内院形成涡旋或无风区。通过围合间开口把风引入内院形成舒适风环境

引导 E　改善室外热环境影响因素，降低热岛效应

室外热环境是由环境影响因素（太阳辐射、大气温度、空气湿度、风、降水等）作用于构成室外环境表面上综合形成的热环境。室外热环境对城市的影响主要表现为城市热岛效应。由于城市硬化地面的下垫层导热率高，吸收较多的太阳辐射热，建筑外围护材料吸收太阳辐射热并散热，建筑物密集致使室外通风不畅而不利于热量扩散，加之人为排放热量比较集中，形成城市温度高于周边温度。由室外热岛效应造成的建筑制冷度日数的增加量多于热岛效应带来的供热度日实数的减少量。

低碳社区形成优良的室外热环境需综合考虑城市设计内容，除了建筑布局、建筑间距、建筑高度以及建筑间距与高度之间的比例，还应重视建筑墙面材料、绿地率、屋顶绿化、地面铺装做法等。主要城市设计策略有：

1）增加树木和植物栽种

树木和植物通过室外遮阴和其表面蒸腾作用减少太阳辐射，降低周围环境温度。据统计，当一个区域的绿地率达到 40% 以上，乔木比例（乔木投影覆盖率）不低于 50%，区域内各连续斑块绿地平均面积大于 $200m^2$ 时，绿化可使环境温度降低 $1.5℃$[1]。同时，树木和植物对降低 CO_2 有明显作用。特别是采用以高大乔木为主的绿化能够大幅度提高社区的 CO_2 吸收率（表 5-12），而人工种植草坪对于固碳作用小。同时，生物多样性不但能够保证四季常绿，也能够使各植物种类光合速率不在同一时间发生，发挥出绿化的最大固碳能力。

天安阳光广场项目靠近苏州河畔，采用退台式建筑造型，每层屋面种植树木，增加乔木数量和屋面遮阴面积，创造良好视野和景观，形成舒适室外环境，提高了项目的固碳释氧能力（图 5-23）。

图 5-23　天安阳光广场

1　上海市城乡建设和交通委员会. 绿色建筑评价标准 DG/TJ 08—2090—2012[S].

不同栽植方式单位面积40年CO_2固定量比较	表5-12
栽种方式	CO_2固定量/kg
大小乔木、灌木、花草密植混种区（乔木平均种植间距＜3.0m，土壤深度＞1.0m）	1100
大小乔木密植混种区（平均种植间距＜3.0m，土壤深度＞0.9m）	900
落叶大乔木（土壤深度＞1.0m）	808
落叶小乔木、针叶木或疏叶性乔木（土壤深度＞1.0m）	537
密植灌木丛（高约1.3m，土壤深度＞0.5m）	438
一年生蔓藤、低草花花圃或低茎野草地（高约0.25m，土壤深度＞0.3m）	14
人工修剪草坪	0

2）选择高反射率建筑面层材料

选用反射率高的建筑面层材料能够减少建筑吸收太阳辐射。根据国家绿色建筑评价标准GB/T 50378—2019一般要求建筑屋面，墙面和地面建筑材料的太阳辐射反射率不低于0.4。根据民用建筑热工设计规范GB 50176—2016中常用围护结构表面太阳辐射吸收系数，相应的反射系数见表5-13。

3）增加屋顶绿化面积

屋顶绿化能够减少太阳直射，降低屋面温度，同时通过植物蒸腾作用大量消耗环境中的热量从而降温。有绿化屋面比无绿化屋面能够明显降低屋顶内表面温度，改善室内热环境[1]。

4）改善地面铺装下垫层

道路广场等铺装路面与天然土壤和绿地在蓄太阳辐射热方面有较大差别。硬质铺地下垫面白天吸收更多太阳辐射热并在夜间向外释放，加剧城市热岛效应。通过

常用建筑围护结构表面太阳辐射反射率	表5-13
材料名称	反射率
混凝土墙	0.27
浅色涂料	0.50
灰白色花岗岩	0.50
阳极氧化镀膜铝板	0.82
水泥粉刷墙面（光滑）	0.42
水泥屋面	0.26
白石子屋面	0.38
绿地	0.20~0.22

项目采用绿地、植物和空中花园，形成良好室外热环境。以落叶乔木为主要树种，形成室外遮阴；设有中央花园和屋顶绿化，各街坊绿地率大于10%，屋顶绿化面积大于30%，总体绿地率大于15%，减少室外地面和屋面吸收太阳辐射热。

图5-24 上海世博园区B02、B03地块绿化（资料来源：上海建筑设计研究院有限公司）

---

1 唐鸣放等.自然状态草地式屋顶绿化隔热特性分析[J].暖通空调，37（3）：1-5.

选择合适的铺装能够降低下垫面的蓄热能力。根据实测研究，透水铺装路面在太阳辐射作用下的表面温度低于非透水铺装路面，并且随透水铺装材料孔隙率的增加有利于地下蓄水的蒸发，有利于降温（图 5-24）。

5.3 策略 11

基于提高能源综合利用效率的社区用能配置

社区用能配置是指社区综合供能系统。提高社区用能效率则需要从社区整体上考虑供能方式，提高能源利用效率。其中社区能源中心是提高社区综合用能效率的一项技术措施。它建立在能源梯级利用概念基础上，将制冷、供热及发电集成的多联供总能系统，提高能源利用效率。另外，社区规模化利用可再生能源，代替传统的化石能源，减少温室气体的排放和空气污染，提高能源综合利用效率。

引导 A　合理设置社区能源中心，提高能源利用效率

能源中心是指小型化能源供应站，通过区域供暖、区域供冷、区域供电以及解决区域能源需求的能源供给系统，完成能源生产、供应、输配、使用和排放全过程，称之为区域能源或分布式能源。它通过集成制冷、供热及发电集成的多联供总能系统，将能源进行合理的阶梯利用，提高能源利用效率。按照能源利用的形式分为以天然气、油为主要燃料的系统和以太阳能、地热、生物质等可再生能源为主要能源的冷、热、电联产系统。

能源中心的优势：

1）节能

以热电冷三联供为主要形式的多联产系统，促进能源的梯级、高效、综合利用，能够实现全系统燃料利用效率达到 70% 以上，是传统燃煤发电能源利用率的 2 倍以上。

2）环保

能源中心以天然气或可再生能源等清洁能源为燃料，设备系统采取高标准的污染排放控制措施，可实现污水、灰尘零排放，提供洁净能源。另外能源中心相比于中央空调系统，集中治理能源中心设备噪声，减少系统对用户侧的噪声干扰。

3）经济可行

能源中心建在用户附近，减少电网线损，减少电网输配电的建设和运行费用。能源中心相比购买电力和单纯使用天然气供热带来更好的经济效益。

4）运行灵活

能源中心采用性能先进的中小型或微型机组，具有较高的自动化控制水平和运行灵活性。

5）提高电网供电安全性

交流电网电源供给负载的电功率分有功功率和无功功率两种。有功功率将电能转换为其他形式能量，保持用电设备正常运行；无功功率是电路内电场与磁场的交换，不对外做功，而是转变为其他形式的能量。通常从发电机和高压输电线供给的无功功率不能满足负荷需要，需要电网中设置一些无功补偿装置来补充无功功率，以保证用电设备在额定电压下工作。能源中心可缓解季节性用电高峰，必要时可输出无功功率，保护电网安全运行。

6）提高建筑空间利用率和改善室内环境

能源中心替代独立空调机组向建筑供给冷热源，为建筑节省了空调设备机组占用的室内空间，也避免了空调设备带来的噪声等环境隐患。

但在选用能源中心时也要考虑它的不足。能源中心初期投资成本高，回收周期长。由于能源中心和供能系统需要一次性投入，项目初期用户使用率较低的情况下，经济收益不抵投资成本。只有在使用率超过盈亏平衡点后才能开始获得经济收益。这就带来了能源中心使用的风险性。只有确保社区整体建筑投入使用率达到预期，用能负荷密度有保证的情况下，才能使能源中心投资合理。另外，能源中心发电随机性大，影响大电网的控制。只有开发利用智能电网，才能改善发电入网问题。

能源中心在城市设计中需要考虑的内容见表5-14[1]。

城市社区能源中心设置要求　　　　　　表5-14

	设置要求
适用条件	1. 冷热需求平衡区域；冷热负荷比例大的地区，电热比应在1.35以上； 2. 天然气为主要燃料，经济合理。可再生能源作为补充能源
场地位置	能源中心应避免布置在危险设备用房如锅炉房、燃气站等，和有毒气体站房及其下风向
服务半径	1. 供冷半径一般应在500m以下，最大不超过1000m； 2. 区块面积不宜超过0.5km²
规模	宜于能源负荷大的区域，一般建筑密度30%以上，容积率2.0以上
形式	大型能源站，宜为单独建筑； 当能源中心设置于地下，能源中心地面上宜铺种植，绿化环境
环境影响	噪声、废气、污水
应用区域类型	商务建筑群、旅游集中服务区、医院、交通枢纽等

1　龙惟定，白玮. 城市需求侧能源规划和能源微网技术[M]. 北京：中国建筑工业出版社，2016.

引导 B　整合太阳能与建筑一体化设计，实现太阳能规模化应用

太阳能作为清洁、高效、永不枯竭的可再生能源之一，对缓解当前世界面临的能源紧缺和环境污染问题有重要意义。根据太阳辐射和日照的空间分布特征，年太阳辐射量大于 4200MJ/m^2，年日照时数大于 1400 小时的地区适宜利用太阳能。我国 2/3 国土面积的年日照小时数不小于 2200 小时，年太阳辐射总量大于 5000MJ/m^2，因此我国拥有丰富的太阳能资源，适宜于发展利用太阳能。

随着太阳能技术的进步，太阳能产品的转换效率不断提高，而产品的价格在不断下降，城市环境中规模化利用太阳能成为可能。太阳能规模化应用又可以发挥边际效应，促进太阳能应用市场走向成熟。

太阳能作为可再生能源在建筑上的应用主要有光热和光电两种形式。太阳能光热利用通过太阳能集热器把光能转换为热能，利用热能加热生活用水或产生蒸汽驱动汽轮机发电等，应用类型包括太阳生活热水系统，太阳能光热发电系统和太阳能光热空调系统。太阳能光电利用通过光电伏打效应或光化学效应直接把光能转化为电能，应用类型包括单、多晶硅光伏发电系统，薄膜式和纳米涂层光电系统。

太阳能利用与建筑所在地的气候条件和太阳能接收器的安装位置相关。太阳能集热器的安装位置要求其日照不受周围环境的遮挡，或至少能保证 4 小时的日照[1]。太阳能集热器或光电板接受阳光宜安装于屋面，正南立面或南偏东、偏西 30° 的立面朝向范围内，最佳倾角为当地纬度 ±10°。太阳能集热器或光伏板的安装位置和与建筑主体的结合形式是太阳能与建筑一体化设计的主要解决的内容。

太阳能集热器或光伏板与建筑一体化的安装位置和结合方式见表 5-15：

在城市设计中，太阳能利用除集热器 / 光伏板与建筑相结合，还存在其他多种形式。在城市环境中的各个位置都可能利用太阳能。城市的公交站点的候车棚，停车棚，遮阳篷；建筑环境中的雕塑。这些分布式产生的电能可以收集起来用于移动充电，照明，减少城市环境设施对用电的需求，改善人们的生活品质。

引导 C　结合气候环境及场地条件，采用合适的方式获取环境热资源

环境热资源具有分布广、成本低、清洁环保等优点，是可循环利用能源的一种类型，存在于土壤、水源和空气等不同介质。利用热泵技术把低温热源提升为高温

---

[1] 上海现代建筑设计（集团）有限公司. 建筑节能设计统一技术措施（给排水）[M]. 北京：中国建筑工业出版社，2009.

太阳能集热器/光伏板与建筑的一体化的结合方式　　　　　表 5-15

位置	结合方式	图例	特点
屋顶	平屋面		安装角度可选择，太阳能利用最大化；维修方便
	坡屋面		太阳能集热器或光伏板受坡屋面角度限制
	天窗		太阳能光伏板可与天窗一体化设计，起遮阳和挡雨作用，满足室内采光
外墙	外墙		夏季接收到的太阳辐射量小，太阳能转换为光热或光电的效率低； 与建筑外墙一体化施工方便
	窗间墙		夏季接受到的太阳辐射量小，太阳能转换为光热或光电的效率低； 与建筑外墙一体化施工方便
构件	阳台板		与建筑构件一体化设计施工，充分利用空间； 户式太阳能热水器便于使用管理
	遮阳板		能够起到利用太阳能和遮阳双重作用； 与建筑构件一体化设计施工，减少造价
	遮阳篷		构件的一体化设计施工，充分利用空间； 起到利用太阳能和遮阳双重作用

热源，用于制冷、供暖和生活热水加热。不同热泵系统的特点、优劣势和适用范围及条件为选用热泵提供了参考（表5-16）。

热泵系统适用要求　　　　表5-16

类型		特点	优势	劣势	适用范围及条件
地源热泵	垂直式	竖埋管埋深一般80~100m，间距宜3~6m	*占地面积小 *深层土壤温度稳定 *热泵运行稳定可靠 *无冷却塔	*初期投资成本高 *施工难度大 *会造成土壤热不平衡影响生态	*建筑周边有一定的空地 *全年温度在10~20℃的地区
	水平式	地埋管水平埋深冻土层下不小于0.6m且不小于1.5m	*初期投资小	*占地面积大 *土方开挖量大 *受地表气候变化影响	*小型单体建筑； *冬夏季土壤温度稳定； *较少风化岩石和富含流动性好地下水
水源热泵	地下水	利用地下水源进行热量传递	*高效节能 *省去锅炉房和冷却塔 *地下水温恒定	*地下水源不合理开采可能引起地质问题 *地下水回灌可能导致地下水氧化	*大型单体建筑或小型建筑群
	地表水	水源量水量和水质满足要求	*初期投资小 *运行效率高	*水源用量大 *对地表水带来的生态环境影响	*周围有流量大且稳定的河流或较大水域 *当地水务管理部门同意 *水源取水位距建筑宜1km以内
	污水	污水废热能源的循环利用	*环保效益 *初期投资小 *运行可靠	*防堵塞、防污染、防腐蚀	*周边有固定污水源
空气源热泵		性能随室外气候变化而变化	*不占用建筑面积； *无冷却塔和冷水消耗	*寒冷地区可靠性差 *低温环境下，能效会急速下降 *有噪声	*适于室外温度高于-3℃的地区

选用合适的热泵需结合气候环境和场地条件确定，而城市设计为环境热资源的利用创造应用条件。项目所处地区气候温度适中，全年室外空气平均温度处于10℃~20℃的地区，且项目用地范围内有较大空置场地，如绿地，室外停车场等，可作为地埋管铺设场地，适合采用地源热泵。对于空调用能负荷大的项目，可采用竖埋管地源热泵；对于小型项目且有较大室外场地的项目，可采用水平埋管地源热泵。周边1km范围内有固定且水量丰富的地表水、污水源，如江、河、湖、水库、污水池等，经地方水务管理部门批准，适宜采用水源热泵。空气源热泵一般适用于室外空气温度较高地区，最高出水温度可达60℃。空气源热泵的使用要求选择合适的室外机安装位置，同时需采取措施避免噪声和震动的影响。

地源热泵比空气源热泵运行效率要高 20%~40%。冬季与锅炉采暖相比，省电 80%；夏季与传统空调相比，省电 40%。根据经验，埋管的数量根据夏季土壤吸热量和冬季土壤放热量的平衡考虑来估算。管井以 3~6m 见方的方阵排列，最外圈管中心距离外边界为 10m。每根管井的负荷约为 40W/m。在制冷制热时，输入 1kW 的电量可以得到 4~5kW 以上的制冷热量。

案例 1：上海国际航运服务中心

上海国际航运服务中心项目是以航运中心为主体的办公及商业服务集聚区，起到跨国航运企业集聚的作用。项目针对高密度商务建筑群整体开发的特点，利用毗邻黄浦江区位条件和资源优势，研发具有滨江特色的绿色建筑群资源能源高效利用技术体系。建设集绿色、低碳、智慧、高效于一体的新型国际化航运经济中心，打造上海乃至全国具有示范意义的绿色建筑群典范。

项目利用黄浦江水再生能源，采用江水源这一可热泵和冰蓄冷相结合的区域供冷方式，降低系统装机容量、减少机房占地面积。利用江水温度稳定的特性，制冷主机的实际性能系数达到 6.2 以上，制热性能系数达到 5.1，提高了设备运行效率，体现明显的节能效益，建筑综合节能率达到 65%。

	5-26
	5-27
5-25	5-28

图 5-25 上海国际航运中心总体图

图 5-26 上海国际航运中心江水源热泵利用示意图

图 5-27 苏州奥体中心总体图

图 5-28 太阳能生活热水及光伏屋面布置

案例 2：苏州奥林匹克体育中心

苏州奥林匹克体育中心位于苏州工业园区金鸡湖东核心地带，是集体育竞技、休闲健身、商业娱乐、文艺演出于一体的多功能、综合性体育中心，一座绿色环保的生态型体育公园。项目总用地面积 60hm²，总建筑面积 38.6 万 m²，由体育场、体育馆、游泳馆、服务楼等单体建筑组成。苏州奥体中心总体设计汲取苏州园林和传统建筑文化，以"园林，叠石"为设计意向，总体布局采用自由流线布局，形成丰富多样的动线。

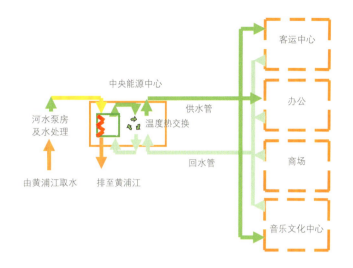

该项目采用高性能围护结构降低空调冷热负荷，选用高能效机电系统，利用可再生能源实现建筑能源高效利用。项目选用高热工性能围护结构，节能率达到 65% 以上；选用高能效空调系统，设置地源热泵系统，空调冷热源设备能效值均高于标准要求；利用周边苏州工业园区热力管网供给热力蒸汽，经汽水热交换器为游泳馆、酒店、商业、办公的空调热水、泳池池水加热和生活热水及地板采暖提供热水；采用冰蓄冷技术，利用昼夜电价峰谷差，减少运营电耗成本；室内灯具选用 LED 节能灯，并采用智能光控模块实现分区、定时实现智能化照明控制。另外，该项目各单体屋面设置太阳能热水系统，集热面积共计 1461m²，屋面架空安装多晶硅太阳能光伏组件，总装机容量 60kWp，年产 72676kW·h 绿色电力。同时该项目在游泳馆和商业广场间的室外绿地下设置地埋管，形成地源热泵系统，作为能源中心的冷热源的辅助系统。

第 6 章

基于低碳生活方式的
低碳社区绿色交通设计维度

城市交通系统是实现低碳可持续发展的重要因素,
要实现城市交通的低碳化必须依赖于节约能源、较少污染、
社会公平、使用方便的绿色交通模式。

绿色交通是现代主义城市交通政策发展的必要阶段，致力于以更节能、更高效、更公平、更健康的交通系统取代长期以来以私人机动车为导向的城市交通系统。

从世界的绿色交通发展演变过程中，绿色交通内涵比较宽泛，包含所有对环境影响更小的各种交通方式。我们可以看到真正的绿色交通既不是简单限制对私人汽车的过度依赖，也不是一味扩张地面道路等硬件系统，而是通过建立多元并存的（汽车、轨道交通、自行车、步行等）一体化城市绿色交通系统，通过提供多元化的交通方式选择，充分满足出行需求，从而遏制对私人小汽车过度依赖的状况，达到改善生态环境的目标（表6-1）。

绿色交通内涵 表6-1

内容	内涵	具体要求	核心实现途径
经济可持续性	高效、经济	社会各阶层出行效率最优	引导"公交+慢行"交通发展模式
社会可持续性	安全、公平	交通事故率低，社会各阶层的出行需求均得到满足	
环境可持续性	环保、低碳	交通污染低	
资源可持续性	低耗	节水、节地、节能、节材	

（课题组整理）

绿色交通系统的建设也需要多层次的控制，从国家层面制定宏观政策、到城市层面制定中观策略、再到社区层面制定中微观的实施方法。几个层次之间互相协调，相互支撑，共同发挥作用才能真正建设绿色生态城市。

以低碳为导向的城市设计在建设绿色交通系统、降低交通碳源碳排放上要多管齐下，通过多维整合的设计方法，充分转变土地利用与交通资源之间的关系和矛盾，满足人们日常出行高效、便利的基本行为模式，建设以慢行交通和公交出行为主导的城市可持续交通系统，达到人流和物流在城市社区空间的合理流通。低碳交通策略主要包括：建设多元的日常出行模式，调整交通耗能系统、缩短有效出行距离，从而降低日常出行的交通耗能需求。

全国工商联房地产商会和精锐不动产研究院联合研究的《中国绿色低碳住区减碳技术评估框架体系（讨论稿）》指出低碳住区的主要特征是其对资源和能源需求较普通住区要小很多，尤其是在住区运行期间[1]。发展以人为本的交通体系和道路设计并遵循非机动交通和公共交通优先原则可以有效降低社区能源的消耗，减少 CO_2 排放。该技术框架提出了低碳交通所对应的 CO_2 减排量的计算方法，使低碳交通的量化有了一个依据。

社区周边有便利的公共交通系统使低碳交通成为可能，同时社区内交通规划有利于步行，社区内的日常公共配套如学校、幼儿园、社区中心、商业服务设施等公用服务设施设置在 800~1000m 的步行范围之内，使居民在 5~10 分钟内能到达必要的服务场所，从而减少住区内部交通。

在城市设计中，我们应特别关注以下几个方面绿色的交通设计策略，以期达到低碳目标，实现城市的可持续发展。

6.1 策略 12
强化以公共交通和慢行交通为导向的城市土地利用模式

随着我国城市化进程的推进，轨道交通已经成为大中城市的交通主动脉，以轨道交通为主的公共交通将引领城市未来交通的发展方向。TOD 的城市发展模式被广泛应用和探索，TOD 周边地区的多元交通设计将有效解决最后一公里的出行问题。土地利用模式决定了交通模式的选择，两者的结合才能真正实现社区居民低碳交通出行的需求。

---

[1] 全国工商联房地产协会. 中国绿色低碳住区低碳技术评估框架体系（试用稿）

引导 A　以慢行交通可达性的要求确定城市肌理

低碳社区的建设倡导慢行交通作为社区主导的交通方式。合理的道路网络可以实现慢行交通的便捷性、舒适性。道路网络的合理分级与分工可以协调好慢行道路和机动车道的关系，使社区街阔和肌理更适宜慢行系统的需求，也有利于公共服务设施与慢行交通系统紧密结合。

紧凑城市的肌理更符合慢行交通的要求，街区应是尺度较小的、便捷的、四通八达的，各类主要服务设施受人们日常步行距离限制（小型超市、餐饮、公交站点等）应布置在步行范围 500m 的半径之内。

TOD 发展模式的街区规模也是以步行为控制要素，街区尺度一般不大于 150m×150m。在城市边缘区以及郊区，考虑到公交线网的密度降低，需要加入自行车换乘公交的模式，街区尺度一般为 400~600m。

在社区层面，需要打破大型居住小区的用地模式，以小尺度街区来划分城市社区单元，提高道路网密度，特别是支路网密度，满足社区单元便捷性，从而实现慢行交通的有效性。

深圳市根据慢行交通的要求合理划分了城市单元和步行单元这两个层次。

首先深圳市根据城市轨道交通等大运量公共交通设施布局，将城市划分为若干个城市单元。城市单元是公交枢纽为核心，在步行可达范围内（半径为 500m）依托原有社区综合配置多层次商业、办公、居住、活动等综合功能的城市区域。

然后城市单元再由步行单元构成，步行单元也就成为城市单元范围内的控制元素。步行单元可以保证在城市单元内的主要吸引点都在步行范围的可达范围内。一个城市单元内可根据主要吸引点的多少划分若干个步行单元，步行单元是以主要吸引点为中心，半径为 200~300m（普通人可接受的步行距离的一半）的范围。以社区出入口为中心的步行单元可以保证社区最不利点至社区出入口、出入口至公交站点的叠加距离在步行可接受范围内。以划分步行单元作为控制片区出入口、公共停车场及公交站点的主要控制手段，促进社区层面的城市尺度缩窄，带动慢行系统主导下的城市肌理重塑[1]。

天津生态城生活社区内构建了慢行交通网络，为居民提供了便捷的生活服务。社区内均匀分布了小间距高密度的道路网络，慢行系统和绿地系统紧密结合，有着

1　张晓春. 绿色交通理念在法定图则中的落实与实践：以深圳市绿色交通规划设计导则研究为例 [J]. 规划师.

高度的连通性和便捷性。步行 300m 可以到达基层社区中心，步行 500m 可以到达社区中心，从而使得大部分的服务设施都在步行范围之内。

上海世博会地区在后世博的开发中有机融入上海国际化大都市发展，将更多地发挥贸易文化展示的优势，形成贸易、文化、展示的核心功能，从而成为功能多元、空间独特、环境宜人、交通便捷、体现低碳、创新，富有活力和吸引力的世界级新地标。B 片区的开发设计创造可步行的小街坊环境，每个地块的尺度控制在 150m×150m 左右。通过创造尺度宜人的街区空间，营造街道生活（图 6-1）。

B 片区通过整体开发的模式来控制 23 个地块的 13 家业主采取统一的管控手段。实现地下空间的一体化开发，结合轨道交通站点，将商业空间、配套设施综合考量。最重要的是停车空间的一体化开发和管理提高了地下空间的使用效率，在满足城市建设规范的前提下平衡了各个小体块的出入口设置等矛盾问题，保证了地上小街区模式的有效实施和运营（图 6-2）。

| 6-1 |
| 6-2 |

图 6-1 世博 B 片区小尺度街区
图 6-2 世博 B 片区鸟瞰

引导 B 土地的混合使用优化出行模式，激发公交枢纽的活力

科学配置公共交通与适当提高城市的人口密度、合理布局就业中心等空间规划手段相结合，才能有效降低城市居民机动车出行次数和距离，减少碳排放。土地使用的有效混合在一定程度上减少了长距离出行的必要性，并促进低碳出行方式的发展，从而达到短距离出行的可行性。针对在水平方向上的长距离通勤出行，可以通过区域内"就业——居住平衡"的方式而得以实现，在垂直方向上，主要是通过不同功能在建筑内部的多元混合而实现。

20世纪80年代起彼得·卡尔索尔普开始倡导以公共交通为导向的TOD开发模式，并在美国的一些社区得到实现。在亚洲，日本的发展模式更值得我们学习。东京可以说就是一个建立在轨道交通上的城市，一些私营铁路的建设往往伴随着轨道交通周边社区的开发，以这种TOD的实践来实现投资平衡，同时也提高了社区的品质。

TOD开发模式强调土地的混合使用，强调站点周边区域的统一开发，在轨道站点的有效步行范围内设置商业、酒店、办公和居住等不同功能的建筑，满足居民就近工作、购物、娱乐、生活的要求。通过在轨道站点及其周围地区提供多样化的混合用地和功能设施，满足居民的日常生活需求，通过可看、可用的街道、广场等公共空间激发人们的出行需求，从而创造有活力的场所。

TOD的发展模式关注公共交通与土地利用的协调：

①将以轨道交通站点的设置作为城市开发基础的设计条件之一；

②将轨道交通站点与居民的主要活动场所相结合；

③将轨道交通站点的建设与周边土地开发项目同步规划、建设。TOD强化了换乘枢纽周边区域社区生活的系统化，枢纽周边区域也将由"停车换乘"（park and ride）转变为"步行和骑行"（walk and ride）的行为方式，推进人们低碳交通出行方式的形成。

在我国，TOD的发展模式也得到普遍推行。上海虹桥低碳商务区地区就是一个典型案例，其依托虹桥综合交通枢纽充分集聚效应，将虹桥枢纽商务核心区建设成上海市第一个功能合理、交通便利、空间宜人、生态和谐的低碳商务示范区，成为上海作为全国贸易中心的重要载体。虹桥商务区也将成为长三角地区面向世界的窗口。虹桥枢纽是包括机场、高铁站、地铁站等全方位的超级交通枢纽。

低碳节能是国际发展的重要趋势，在虹桥商务区进行低碳实践是作为国际化大都市和全国商务贸易领跑者的上海势在必行的举措。低碳节能是项目设计的重要理

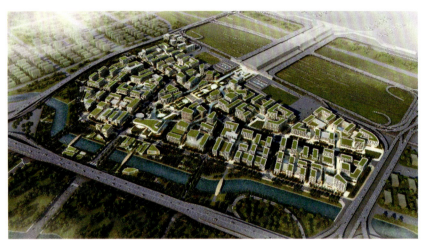

念，也是虹桥商务区核心区的最重要的特色。

虹桥商务区遵循上海的总体规划，整个区域的功能包括核心交通功能保障区、直接配套功能配套区、主要产业功能辐射区等。商务区依托虹桥交通枢纽，产业发展导向可以概括为：

核心产业——以"流动"为特色的现代商务贸易服务业。主要包括跨国采购及展示交易商务功能、金融、信息、高端会议会展功能，航空相关的物流商务服务功能和企业总部及运营商务服务功能（图6-3）。

延伸产业——以"商务"为依托的现代商业服务业。主要依托商务功能的不断完善、商务活动的逐渐扩大以及商务人士的不断积聚，重点发展体验式和特色休闲服务功能。配套功能——为商务及商业配套的服务业。以商务办公和商务居住、教育培训、医疗等为主题的配套服务（图6-4）。

在济南华山北地区城市设计项目中，政府希望借助轨道交通的建设促进站点周边的城市开发。TOD的开发模式被运用到这个地区的旧城改造中。在基地内形成环形公交线路，并在环形内部形成相互之间有联系的公交网络。公交站点以500m服务半径布置，基本满足整个区域的出行需求。轨道交通7号线在规划区内是南北走向、位于规划区西部，横六路方向将规划一条轨道与7号线连接，相交处设一站点，提高居民的出行效率，缩短与中心城区的空间距离感（图6-5，图6-6）。

重庆火车西站位于沙坪坝上桥，是集铁路、轨道、长途汽车、公交于一体的西部地区最大的铁路综合交通枢纽。2014年12月，重庆西站开工建设；2018年1月25日，重庆西站一期建成并投入使用。高铁西站站区的发展需求，首先在功能方面，

图6-3 虹桥枢纽核心区—依托交通设施的多元功能混合（资料来源：虹桥商务区管委会）

图6-4 虹桥枢纽核心区鸟瞰图—依托交通设施的多元功能混合（资料来源：虹桥商务区管委会）

图6-5 济南华山北地区公共交通规划

图6-6 济南华山北核心区TOD开发模式

图6-7 重庆西站周边地区城市设计

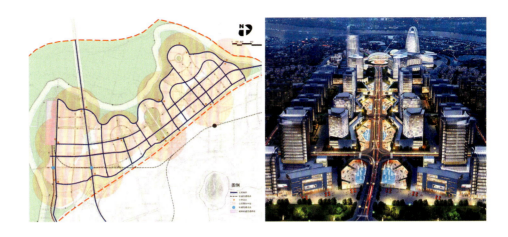

要形成复合性服务中心,并强调功能的共生性;其次在布局方面,要打破传统车站单一功能和高密度发展模式,形成站城一体化的发展模式,还有在交通方面,高铁站区拥有与外界联系紧密的城市主要交通网络和信息网络,内部拥有复杂完善的立体交通网络,使各功能体有机结合;最后在形象方面,既注重高铁沿线城市风貌,也强调站区城市形象体现(图6-7)。

因此,重庆高铁西站地区的城市设计目标确定为:

①打造令人难忘的重庆门户新形象;

②建设一个地标性、现代化的TOD活力枢纽;

③以混合功能开发带动区域的升级。

以人的多样化需求为中心，打造一站式城市功能复合体，建立空间相互依存和相互助益的能动关系，激活城市能量，成为城市形象最重要的展示窗口（图6-8）。

6.2 策略13
完善公交系统，强化公共交通的革新与优先权

我国正处于城市化和城市转型发展时期，一系列的绿色城市建设战略有助于提升城市发展的质量。公共交通的优先建设对于缓解城市交通拥堵、促进节能减排、建立可持续发展具有重大意义。早在《国民经济和社会发展第十二个五年规划纲要》中就明确："实施公共交通优先发展战略，大力发展城市公共交通系统"，并提出将"城市建成区公共交通全覆盖"纳入国家基本公共服务体系，首次将公交优先发展战略上升为国家战略。

公交优先的策略充分体现战略化、系统化的原则，从城市宏观管理抓起，其核心内容就是在保障城市生活水平的前提下，如何在路权的分配上既满足公众利益，也

图 6-8 重庆西站周边地区城市设计
图 6-9 上海71路公交车及专用通道

满足低碳要求，在公平的基础上给予公共交通适度高于小汽车的优先通行权，建立科学、合理、高效、公平的体系。

引导 A　合理适度开辟公交专用道

国内各大城市都普遍采用公交优先策略。公交优先的策略实施必须要结合实际情况合理布局，根据城市不同区域、不同道路条件，分时、分段、灵活多样的处理车流、人流的关系，设置公交专用道是一种常用的方式。

公交专用道是专门为公交车设置的独立路权车道，主要功能是方便公交网络应对各种高峰时段和突发状况带来的道路拥堵问题。设置公交车专用道体现的是一种服务大多数人的公共利益、公共文化和公共意识，也是在高峰期时段中保障城市内部道路通畅的底线措施，同时促进大众形成绿色低碳出行的观念。公交优先的理念要充分应用到城市主要交通走廊建设中，从全局出发，提高公交专用道的长度和密度，逐步覆盖城市重要发展区域，连接城市重要功能节点，组成高效的服务网络。在公交优先的建设过程中，必须完善配套的基础设施建设。例如强化港湾式停靠站的建设、科学合理地设置公交优先通行信号系统等。

公交专用道的建设虽然不能根本解决城市交通拥堵等问题，但也是节约投资成本、合理利用现有城市资源的一种有效的方式。同时，在路权配置的过程中，还要特别关注这种分配关系的合理性和科学性，使城市的道路资源更高效（图6-9）。

引导 B 在有条件的区域合理发展快速公交系统

快速公交系统（BRT）是一种不同于快速轨道交通的中型公共客运系统，其投资及运营成本比轨道交通低，而运营效果介于普通公交和地铁之间，可以达到轻轨的服务水准，适合应用在大多数中型城市。快速公交系统就是通过人员、服务、基础设施和高效管理，既保证公交运营速度又保证可靠性的一种综合地面公交运营系统。可以利用现代公交技术和智能交通管理系统，提高传统公交的运营水平，从而达到或接近轨道交通的精准水平。

BRT作为一种中运量的公交系统，有助于改善过城市的公交服务水平，通过专用通道的设置给予乘客优先权。BRT是改造升级的公交车辆，通过设置专用道提供高容量、高频率的公共服务。站点的设置可以结合社区的特点灵活布置并保证站点的服务半径，满足大多数居民的日常需求。同时站点也要配合轨道交通站点的设置做到综合交通枢纽的要求，使城市公交系统系统化、多元化，提高公交的舒适度和服务水平。

引导 C 强化公交优先的法规和理念，提升规划与管理的反馈优化机制

公交优先的实施需要加强法律和城市管理的层面的建设，通过一体化的政策和法规保证好政策的落实。城市交通管理部门和立法机构要明确制定公交优先、道路交通路权合理分配的法规和条例，完善公交专用道管理制度，做到公交路权保障有法可依、违法必究。同时有必要加强公交路权优先理念的宣传，使路面车辆各行其道，保障道路的通畅和安全。在日常管理上要避免多头管理，建立规划与管理统一，实施及时反馈优化机制。

引导 D 采取交通静默措施

交通静默是通过一些设计方法和措施来控制街道中汽车的行驶速度和流量从而达到提高街道行人安全的目的，通过硬件设施的优化来改变车辆使用环境，达到街道各种使用者的和谐共处。这些措施包括渠化交通、设置减速带交通标志、景观设施的介入、安全岛、道路停车等设置。

交通静默化更多的是加强对私人小汽车的管理，保证公交优先政策，保障行人安全等。首先，对行驶在闹市区的汽车进行科学管理并实施交通静默减速措施，同时配合智能交通系统控制信号灯等避免私人小汽车的拥堵对公共交通的影响。其次，

通过限制停车数量、停车费、收取拥堵费等条例控制城市特定区域的小汽车数量，促进社区的公共环境健康安全。

目前我国对于交通静默措施认识还不够，尚处在发展阶段。交通静默措施提倡人性化、交通友好的理念，与推广的绿色交通政策一脉相承。交通静默的措施在逐步地探索实施，需要强调的是，交通静默化要针对不同情况灵活运用，在合适的地点采取合适的方法，保证实施效果的可行和落地。

6.3 策略 14
强化慢行系统与公共交通的有效衔接，建立多模式交融的综合体系

在日本及欧洲传统城市中，公共交通模式综合程度很高。随着城市的不断更新、结合轨道交通建设了很多综合交通枢纽，通过投资和路线建设实现互相协调、各类低碳交通模式互相补充。通过发挥慢行系统与公共交通的有效衔接，提高各类交通连接的便捷性，提高系统的可达性、舒适度、通行速度及视觉效果等，使公共交通更具有吸引力。

图 6-10 京都火车站

引导 A 鼓励公交、慢行与小汽车交通共生共融

低碳的交通政策并不是简单地限制私人小汽车的使用,而是要建设一种可行的协调机制促进整个交通系统的和谐发展。以低碳为导向的城市设计可以通过多重设计策略来实现多种交通工具的平衡发展。首先,建设可以提供多种线路选择的密路网结构,保证步行、公交、自行车等慢行线路的有效连通;其次,道路断面设计上,优先考虑慢行交通,兼顾机动车需求与人行和公交需求的平等;要提高公交服务设施的质量、数量等,例如足够的等候空间、指示标志、必要的休息设施等。日本许多城市地铁站周边"公交+慢行"的出行方式设计得很好,将商业建筑、办公建筑、居住建筑协调布置,独立的步行系统由轨道站点向外放射,方便市民通过步行或骑车方式到达,并在公交站点周围合理设置停车位,支撑不同交通方式的有效衔接。这种整体的交通系统和混合用地开发起到了积极的相互促进作用(图6-10)。

引导 B 大力促进"轨道交通+慢行系统"的一体化绿色交通体系

社区建设要充分依托城市轨道交通的发展,建立多模式交通并存,这些交通模式包括地铁、普通公共交通、BRT 快速公共交通、轻轨、自行车、步行等。自行车作为这个绿色综合交通系统的中坚力量,应该从政策和设施提供上得到加强。首先强化扩建市区的自行车交通网络,强化市中心及社区中心的自行车可达性,并提供必要的自行车停车设施。修建专用的步行及自行车道,保证步行和自行车系统的完整性与安全性(图6-11)。

图 6-11 荷兰阿姆斯特丹的自行车道图

图 6-12 南京下关地区轨道交通系统规划(资料来源:LAB + 上海建筑设计研究院有限公司)

图 6-13 徐州西部新城核心区一体化公交系统

南京下关地区城市设计中，结合整个地区的重新定位及交通系统的整合，将城际间的铁路交通、地铁、轻轨、快速巴士、边界的公车系统、私家车与货车、通勤轮渡、自行车、行人以及游览轮渡与缆车等多层级、多维的绿色交通系统整合在该区域。一方面通过地铁等大运力交通工具为地区带来活力，从而带动整个区域的升级发展，另一方面通过人性化的自行车、缆车等慢行系统为居民提供便捷的绿色交通系统（图6-12）。

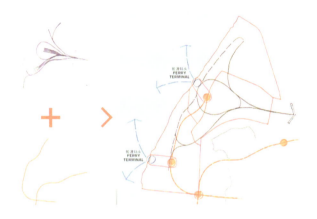

徐州西部新城规划强调公共交通与步行交通的有效衔接。规划目标是80%的居民和工作人口的出行能通过公共交通到达区域主要的公共及社交活动场地，公共交通主要由公交、轨道交通以及水上巴士组成（图6-13）。慢行交通强调绿色生活、低碳出行。公交系统提供能取代私人汽车的高能效、高效率的出行模式（图6-14）。

6.4 策略15
构建人性化的城市社区慢行系统

低碳社区的建设首先要从提供舒适、可达的慢行系统开始。

慢行系统包括步行、自行车等，以低碳为导向的城市设计希望促使人们在日常出行过程中放弃对小汽车的依赖，根据"出行需求诱导"理论（如同庞大道路网络的建立和道路容量的增加会导致更多的汽车出行一样，更广泛的步行和自行车基础设施也会吸引更多的人选择慢行方式出行），必须从人们的需求出发，提供舒适、便利、系统的慢行网络，才能充分满足人们选择非机动车出行的要求，使慢性系统的建设与使用落到实处。

高密度的慢行道路系统可以串联大部分居住和社区配套服务设施，并结合绿地、公园系统营造环境宜人的慢行交通空间，从而使慢行方式逐步成为居民日常出行的首选，只有这样才能真正实现人车友好分离、机非友好分离和动静友好分离。

引导A 提升慢行交通系统的有效通行权

人性化的慢性系统要系统考虑，步行和自行车路网和公共交通必须协同发展，在获得平等的道路使用权基础上，才能真正实现慢行交通的有效通行（图6-15）。

图6-14 徐州西部新城核心区TOD开发模式
图6-15 虹桥枢纽二层廊道系统

首先减少汽车交通对步行者和自行车交通的阻碍。机动车的快速发展逐渐侵蚀着人们的步行权，并逐渐使行人处于次要地位。

低碳城市的理念要求街道更尊重行人的使用权利，在不同功能区域，分层分级设置慢行交通的有效通行权。例如，斯图加特规划中对交通政策的机动化模式提出意见，在市中心逐渐减少、取消市中心的地面停车，将停车限制在环城路之外，从而消除机动车道路对步行和自行车穿越交通的阻碍。

其次解决城市以私人小汽车为导向带来的空间问题。在历史街区，通过减少城市高架立交桥、城市地面干道，来减少对城市历史空间肌理、景观历史人文环境的破坏，以及对步行者的影响，把社区公共空间还给居民，促进生态化、人文化发展。波士顿在20世纪50年代为了解决机动车所造成的交通拥堵问题，建造了一条通往市中心的高架路——中央干道。但是随着车辆的增加，高架路并没有解决现实的交通拥堵问题，反而割裂了滨海区与市中心的联系，削弱了该区域的经济活力，高架桥下的空间也成了市民反感的"黑色空间"。为了改变交通状况恶化、提升城市活力、优化城市环境，波士顿"大开挖"项目于1982年正式立项，2007年完工，历时17年。作为美国历史上公认的最大、最复杂、最具有技术挑战性的公路项目——波士顿"大开挖"项目，拆除了高架道路，改造为一条壮观的公园式林荫大道——罗斯·肯尼迪，周边提倡用地功能的混合利用，修建了文

化艺术中心、公园、广场、零售商业、可负担住宅等,同时连续的人行道和自行车将滨海空间和城市公共空间串联在一起,为市民提供了一个有历史积淀的休闲场所。波士顿"大开挖"项目不仅解决了地面交通问题,更重要的是缝合了城市伤口,带动区域发展,将城市空间还给市民,重新建立了城市与海滨,城市与人的空间联系(图6-16)。

引导B 优化交通设施,促进慢性交通的使用

交通宁静化技术是基于现状基础设施,可以在不影响机动车有效通行的基础上对机动车交通进行适度管控,同时不增加大量投资。其对于体现以人为本的绿色交通理念,保护普通行人的利益,活跃街道氛围,改善道路安全,减少交通量,改善该地区居民的生活质量等方面有很明显的作用,对构建机动车与慢行交通的和谐共处具有重要意义。

引导 C　慢行体系融入社区共享空间

慢行交通体系通过人性化的街道得以实现，使街道重新回归居民生活是低碳社区建设的重要内容。

街道空间不仅是交通空间，它也是人们日常使用的一个线性的共享空间。共享空间的街道是交通多元化的街道，是承载城市日常生活的空间，根据区域规划融合步行、自行车、公共交通，甚至是汽车交通等多种交通方式的街道。而慢行的街道更强调其满足人们日常生活步行需求的人性化、舒适性和安全性的共享。共享空间通过完善步行的主导功能，可以促使人们更多的交流，实现社区中心的步行化。

共享街道一方面可以通过改造原有以机动车为主导的城市道路空间，为以步行为主的多元化的街道，从而建立多元和谐并存的一体化的绿色交通。另一方面根据城市不同功能区域（如住宅区、社区中心、商业区等）对步行者、自行车、交往空间、私人小汽车等内容进行有针对性的多元化街道设计，通过富有层次的交往空间创造有特色的街道共享空间。共享街道的交通理念是建立在人性化活动整合的基础上，通过建立一系列公共空间及道路管理措施使人们可以舒适的使用街道，而不是逃避被汽车占领的街道。在这里行人是主角，商店面向街道，提供舒适的休息空间、绿色空间。传统的交通标识、路标、障碍被弱化，机动车道和人行道，可以分时段各自使用，使街道成为承载城市社会生活、展现文化和历史人文的一部分，以创造和谐的社区生活（图 6-17，图 6-18）。

图 6-16　波士顿大开挖（资料来源：华高莱斯国际地产顾问（北京）有限公司）

图 6-17　余姚城市设计——共享街道

6.5 策略 16
建构绿色交通建设的社区管理机制

绿色交通的建设除了硬件设施的完善之外,还要从交通系统的软件层面进行优化。包括基于绿色交通开发管理模式的转变、绿色交通理念的宣传与教育、绿色交通出行方式的创新等。

图 6-18 余姚城市设计——共享街道

图 6-19 无人驾驶汽车

引导 A　倡导"无车化"的社区开发

随着我国城市轨道交通建设的逐步推进，新社区开发结合公共交通建设成为可能。TOD 模式也被广泛推广，通过多功能的混合开发，降低和限制汽车的使用，在提高社区生活质量的基础上可以有效减少居民对小汽车的需求。

世界许多城市都因地制宜探索新的建设模式，以促进低碳城市的发展。如"无车化"社区的建设。"无车化"并不是没有车，而是新建社区的停车位数量远低于传统的开发项目，在设计布局上通过具体的设计手段和管理措施减少人们对小汽车的使用。如在轨道交通站点周边布置足够满足人们日常需求的公共服务设施，或公共设施设置在步行范围之内，通过步行及自行车等解决最后一公里的出行等题。

新加坡在登加新镇推出了"无车市镇"的概念，由于登加新镇周边没有高等级公路设施，也给无车化政策的实施提供了特殊条件。区内结合轨道交通站点建设了全长 46km 的步行和自行车道，鼓励人们减少小汽车的使用。同时设有专门的无人巴士，保证每户 300m 范围内就有之所以各巴士站。这些公共基础设施的升级，以及新科技的应用保证了无车化社区开发成为可能（图 6-19）。

引导 B　汽车共享计划

随着互联网技术的发展，互联网 + 的模式不断进入市民的普通生活，社区低碳交通的发展也离不开互联网技术的平台。私人小汽车的急速膨胀，使得国内越来越多的城市加入到限购的行列，同时在买车及使用成本越来越高、城市停车位难等大背景下，汽车的使用成为一个困扰城市功能的新问题。在物联网技术的推动下共享汽车的模式成为可能。

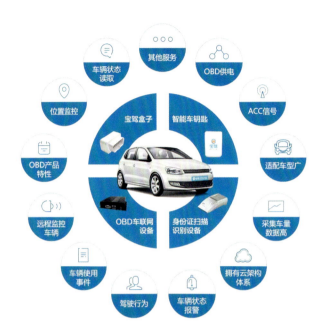

"汽车共享"最早出现于20世纪40年代的瑞士。他们在全国组织了"自驾车合作社",一个人用完车后便将车钥匙交给下一个人,非常便捷与高效。这种方式在随后的发展中里得到不断推广(图6-20)。

汽车共享模式在保证小汽车合理使用的基础上可以减少出行的小汽车数量,缓解交通堵塞,减少空气污染,降低对能源的消耗,减少道路及停车设施的投资。

同时,汽车共享也是对公共交通出行的补充,是在不增加小汽车数量的基础上满足自驾出行的有效交通方式。通过汽车共享的运营,汽车共享经济也是一种新模式的探索。这样通过共享资源不仅解决了租车行业的发展问题,同时发挥闲置私家车的经济作用。

随着国家运行体系对社会资源配置能力的提升,汽车共享将随着政策的完善可以得到一定的发展。汽车共享型经济在解决投资大、管理科学化等问题之后,可以为绿色城市发展及汽车工业发展注入新的途径(图6-21)。

引导C 公用共享自行车计划

由于自行车的大量使用中国曾被称为"自行车王国"。但随着经济社会的飞速发展,小汽车逐渐成为普通大众的代步工具,城市交通拥堵问题日渐突出,在节能减排、低碳出行的大环境下,利用科技发展城市公共自行车交通系统,对节能减排、方便市民出行有着重要意义。中国的公共自行车发展经历了三个阶段:2007—2010年为

图6-20 欧洲汽车共享计划宣传画(资料来源:http:/baike.baidu.com/picview)

图6-21 汽车共享工程(www.baojia.com/saas/)

图6-22 公用自行车系统

第一阶段,由国外兴起的公共单车模式开始引进国内,由政府相关部门主导发展了很多有桩单车;2010—2014年为第二阶段,专门经营单车市场的企业开始出现,但公共单车仍以有桩单车为主;2014年至今为第三阶段,随着移动互联网的快速发展,互联网共享单车应运而生,更加便捷的无桩单车开始取代有桩单车,这就是我们称之为的"共享单车"。

共享单车是一种为大众提供自行车使用租赁服务的模式,是一种分时租赁的新型绿色环保的共享经济。这也使中国逐渐萎缩的自行车使用,依托移动互联网技术再次以新模式出现,并得到了人们的喜爱。

这种模式可以让市民自由使用自行车来替代私人小汽车进行短程的通勤,以达到疏解交通、减低噪声和空气污染的目的。公共自行车也被认为是可以有效解决公共交通系统中的"最后一公里"问题,并且是连接使用者与公共交通网络的一种方式。共享自行车在全国的广泛普及极大地改变了人们的出行方式,也方便了居民的日常生活(图6-22)。

随着近几年共享单车的井喷式发展,也带来了很多问题。比如乱停乱放、占用人行道、押金问题、管理混乱问题等。2018年5月22日,等10部门起草《关于鼓励和规范互联网租赁自行车发展的指导意见》,并公开征求意见。从国家层面对共享单车提出了制度上的"顶层设计",交通运输部征求意见稿中明确:各城市要积极推进自行车道建设,纠正占用非机动车道等违法行为。从多个层面保障共享单车行业的规范发展。共享单车给人们的出行带来了多种选择,符合低碳社区建设的绿色发展方向。

第 7 章
―――――――――
基于社会公平的
低碳社区公众参与设计维度

公众参与（Public Participation）
是一种让群众参与决策过程的设计方式。

公众参与（Public Participation）是一种让群众参与决策过程的设计方式。

社区除了具有地域属性以外，还凝聚了社区居民的共同意识和价值认知。社区公众参与一直是社会学、政治学和城市规划领域研究的热点，是建立社区共同意识的基本途径。公众在广泛的参与过程中，不仅可以通过表达自己塑造社区环境的想法和意愿，而且通过交流思想、交换意见来达成共识，能激发公众对自己所处社区的感情、改善邻里关系、增强社区凝聚力。低碳社区的公众参与既是一种事务协调机制，也是促使低碳社区健康、和谐、可持续发展的有效举措。

7.1 策略 17
倡导多方协作的公众参与机制建设

低碳社区建设中注重公众参与，需要建设决策方具有公共参与意识，积极引导社区居民参与社区建设，社区建设才能全面实现公众意识。

目前，我国对公众参与日益重视，公众参与机制逐步完善。主管部门与公众之间，公众与设计方之间沟通渠道的有效性也有了很大提高，专业组织机构的加入，引导公众更加全面科学地了解项目情况。建立保障机制、专业指导以及明确的参与渠道和方式是公众参与政策实施落实的必要保障。

引导A　建立公众参与保障制度

低碳社区建设既不是简单的市场行为，也不可能是完全的政府行为，而是公众参与主体相互影响、相互作用、共同参与的行为过程。建立良好的、多方联动的公共参与机制是保障居民和企业积极参与到低碳社区建设中的先决条件。

一方面，应通过完善的法律法规保障公众参与的执行，赋予公众组织或个体参与社区建设的权利，保护和保障公众意识。

世界范围内，公众参与城市规划发展开始于20世纪40年代，随着理论和实践的推进，城市规划中的公众参与，被确立为市民的一项基本权利。在城市规划的过程中必须让广大的市民，尤其是受到规划内容影响的市民，参加规划的编制和讨论，规划部门必须听取全面的意见，并且将这些意见尽可能地反映在规划决策之中，这已成为规划形成过程中的重要组成部分[1]。只有制定了有效的政治法律保障，公众才有可能有效地参与到规划决策阶段，规划中的公众参与才能健康成长。

美国政府工作提倡公众参与，最早兴起于20世纪40年代，经过近80年的发展，公众参与已经运用到了包括从区域至社区多个层面。《行政程序法》《信息公开法》《阳光政府法》等相关法律制度健全、程序严密、形式多样、工程公开、全程参与、监督有力。确保政府工作透明开放，保障公众参与。

英国1947年制定的《城乡规划法案》首次将公众参与写入法案，通过1969年的修订，制定了具体的公众参与方法、途径和形式，即著名的《斯克芬顿报告》，成为公众参与城市规划发展的里程碑。1990年公众参与相关法案得以完善，成为八项规划设计法定程序中的一项重要分项程序。

德国《联邦行政程序法》详细规定了行政计划确定程序，其中，制订了行政计划机关与行政计划听证机关的分离制度，行政计划机关仅有权提出申请，由主管行政机关来组织听证和做出计划确定裁决。在听证及确定裁决过程中，任何自身利益受到行政计划影响的人，都可以提出异议。

日本《行政程序法》通过规定处分、行政指导以及备案程序，确保行政运营的公正性及提高透明性，以此保护国民的权利利益。该法不仅规定了行政听证程序，还详细规定了赋予辨明机会的形式、通知辨明机会的方式以及辨明机会的准用范围。

20世纪90年代，明确的公众参与理念和机制引入中国。2004年至2018年间，

1　孙施文，殷悦. 西方城市规划中公众参与的理论基础及其发展[J]. 国际城市规划，2004（1）：15-20.

政府工作报告多次提出保障公众的参与权[1]。我国在 2008 年执行的《中华人民共和国城乡规划法》制定了公众参与行政规划的相关规定。规定了公众参与行政规划的方式和形式，把行政规划过程中的公众参与上升到了公民基本权利的高度，以追究城乡规划机关及其相关工作人员法律责任的形式，来保障公众参与行政规划制度的有效落实。

2006 年印发的《环境影响评价公众参与暂行办法》，首次对环境影响评价公众参与进行了全面系统的规定，极大调动了公众保护环境的积极性和主动性，并建立了公众参与渠道，得到了很好的社会反响。总结多年的实践经验，经过全面修订，2019 年 1 月 1 日我国正式实施《环境影响评价公众参与办法》。更加明确了建设单位对于公共参与的主体责任，明确公众范围，制定权力保障措施，明确参与途径，优化参与流程等，进一步增加了公共参与机制的有效性和可操作性。

在建设工程项目审批环节中，上海市也相继制定了公众参与指南、办法，较为细致地提出了公众参与的程序规定。在社会稳定风险评估阶段、环境影响评估阶段、玻璃幕墙评估阶段、设计方案规划公示阶段、施工阶段均设置了公参环节，并制定了一系列的指南、办法以规范公参流程和要求，例如《上海市重点建设项目社会稳定风险评估报告评价指南》（沪发改投〔2011〕173 号）、《上海市玻璃幕墙管理办法》（2012 年上海市人民政府第 77 号）、《上海市建设工程设计方案规划公示规定》（沪规划资源规〔2019 年〕2 号）、《上海市建设工程文明施工管理规定》（2019 年 9 月 18 日上海市人民政府令第 23 号）等。

引导 B　建立公众参与组织机制

应通过第三方组织在政府和公众之间架起沟通的桥梁，建立有序的组织机制。第三方组织应具有公众普遍认同感，有效组织整合公众个体的要求意见，方能提高公众参与的广度和力度。

第三方组织是独立于政府部门以及公众之外的另一个组织形态，政府和公众都可以授权于第三方组织，建立平等沟通。在政治学界，称之为"第三部门"，为公众在追求公共目标的过程中发挥主动性和创造性提供了中介，是公众参与的重要组成部分。要保证第三方组织的健康发展，就必须保证其政治上、经济上的独立，只有这样，才能真正发挥出应有的中介作用。

1　狄凡，周霞. 超大城市治理公众参与演变历程与现状分析 [J]. 上海城市管理 2019（6）：4-14.

日本为推进建立介于公益事业与盈利企业之间的民间团体,于 1998 年公布了《特定非营利活动法人促进法》。依此法律,特定这一社区组织为非营利活动法人(Non-Profit Organization, 简称 NPO)。通过社区组织的建立,政府对社区发展和建设的具体活动不再直接介入,而是通过代表其意见的社区中间组织履行其监督责任;市民也通过社区组织,实现对于社区利益相关的城市建设活动的主导权、监督权和否决权。

德国沃邦(Vauban)社区作为可持续发展社区公众参与的典范,社区内全面推行"居民参与机制"(图 7-1)。社区居民 1994 年成立"沃邦论坛",类似于社区发展协会。沃邦论坛整合了政府部门、市议会、建筑开发商与社区居民的合作发展。机构设有固定专职工作人员和 7 个由居民组成的工作小组,运作经费来自会费、捐赠、政府资助、通过组织参访以及交流学习活动进行少量的创收,主要功能是组织居民、教育居民(将环境意识与节能概念纳入当地中小学课程中)、开展居民参与的活动、对社区开发进行监督、搜集整理并传播有关可持续发展的信息等。论坛最突出的贡献之一是通过全面参与社区规划,自行委托承包商与建筑师,在整体造价相同的施工品质下,减少了 25% 的预期开发成本,拉平了绿色建筑和一般住宅的造价鸿沟,从而增加了公众对于绿色建筑的接受度[1]。

我国在社区领域,以往多以业委会、居委会行使第三方权益,在政府和居民之间开展沟通工作。但受到管理的规范性、从业人员专业能力、资金来源、居民关注度等一系列现实情况的限制,在公众参与中作用有限。随着社会民主政治的改革和发展,各界民间组织蓬勃兴起、快速发展,已成为政府与企业之外的第三方力量。1994 年,我国成立了首家民间环保组织"自然之友",之后 1996 年"北京地球村"成立,从

图 7-1 德国沃邦(Vauban)社区(图片来源:http://image.baidu.com)

图 7-2 波特兰设计委员会公共参与项目评审会场

---

1 黄斌,戴林琳. 我国低碳社区公共参与机制构建探讨 [J]. 北京规划建设,2011(5):69-73.

早期的宣传逐步发展成为组织公众参与环保、为国家环保事业建言献策，开展社会监督，维护公众环境权益等各个领域。其成功经验可在社区建设中加以借鉴。

引导 C　依托专业组织和机构

低碳社区的公众参与离不开专业技术团体的组织和支撑。专业组织和机构为推动行业发展，掌握了前沿技术，具有科学的发展理念和远见。既是政府主管部门与公众之间的沟通媒介，也为政府和公众提供合理的专业的技术指导。专业人员和团队在公众参与过程中，策划组织意见调查、组织讨论、理念宣传、成果汇报等，从科学客观的角度，有效协调各方利益，推动公众参与意见的响应和落实，有利于低碳社区的科学建设和发展。

美国自20世纪60年代以来，有关技术咨询机构如协会、学会、联合会等政府组织逐步建立起来，承担了大量的公众参与组织工作。例如美国波特兰设计委员会（City of Portland Design Commission）致力于城市建筑的历史延续和发展，引领专业发展，为城市设计、建筑设计提供专业意见，并负责所有项目设计评审工作。设计委员会由七名志愿者成员组成，由市长任命，由城市议会确认，任期四年。委员会成员中一人作为城市文化管理部门的代表，一人代表公众，其他5人为专业人士的代表，分别来自设计、工程、经济、建造、管理、土地发展、法律等专业领域。在同一个组织内，政府管理、专业人士和公众充分沟通，志愿者非营利的组织制度，也保证了沟通的公正性和有效性。设计委员会组织所有的项目方案评审，所有项目设计方案以及评审会日程均通过网络进行公示，市民可以自发前往旁听，也有权发表意见，委员会记录跟进并协调所有公众意见。委员会中的5名专业志愿者，在充分听取设计、主管部门以及公众意见后，以投票形式决定方案是否通过，方案审查周期虽然较长，但保障了方案对城市、公众的有利影响（图7-2）。

再如1974年成立于美国俄勒冈州的"千友会"（1000 Friends）致力于建设宜居城市和社区，保护自然森林，通过建立土地使用系统，进行城市规划理论的推广和实践。2009年建立在美国世界屋顶绿化协会（International Rooftop Landscaping Association）通过举办国际学术交流活动推广普及新技术并开展专业教育研究促进专业人才培养。

中国建筑学会成立于1953年，是经国家民政部批准注册的独立法人社团，是全国建筑科学技术工作者组成的学术性团体。学会理事会设立工作委员会，学会下设二级组织，包括直属分会、学术/专业委员会。组织开展与城乡建设及建筑工程有关的规划、设计、科研、施工、教学等方面工作，包括组织学术活动；普及科技知识；提供咨询和技术服务，承担评审工作；组织竞赛和建筑工程评优等。中国专业协会发展活跃，并在各行业中发挥着引领和推进的作用。公众参可以依托专业协会的协助，积极开展专业调研、课题研究咨询、学术交流等活动，使行业研究成果成为公众参与的理论支撑，更加科学和理性地引导公众诉求，促进政府和公众之间的有效沟通。

引导D　完善社区规划师制度、建筑师制度

根据我国城市发展趋势，城市在向外扩展的同时，伴随着旧城区的更新与改造。规划师需要从政府规划师分化出社区规划师角色，规划师应与社区需求紧密合作，直接指导和参与以社区为单位的规划和建设。社区规划师及建筑师对老城区的复兴具有积极作用，他们直接为社区居民服务，更能从专业角度实现居民意愿，提升社区品质，提高公众参与水平。

20世纪60年代，英国从大规模的城市改造逐渐向小规模渐进式的整治转变，英国柴郡的麦肯罗斯费尔德市的布莱克罗德综合改善区计划就是居民与社区规划师建筑师合作完成的成功案例。改造初期，政府推行的是全部拆除重建的改造方案，遭到居民和租户的联合反对。4年里，居民在社区规划师、建筑师的协助和组织下对所在地房屋进行详细考察，写了一份十分详尽的技术报告，罗列出需要修缮的条目，提出关于房屋周围用地环境的整治计划。1974年4月，计划获得政府的许可和支持。在整治过程中，社区规划师、建筑师不再扮演总负责人的角色，而只是起协调的作用，他们将居民、技术工人、承包商、信贷人员和政府官员共同组织到社区建设当中。社区整治计划的制定着眼于社区整体，所有居民不仅共同整治了房屋单体，而且改善了社区的外部环境。现在英国已制定了明确的法律责任，要求地方承担制定社

区战略及实施社区规划的责任，由社区规划合作组织CPPs（Community Planning Partnerships）执行。

中国台湾社区规划已成为社区管理和社区自治的环节和途径。社区规划师又称为"社区营建师"或"社区建筑师"，为社区民众提供有关建筑与公共环境的专业咨询，同时协同社区推动地区环境改造与制定发展策略，以提升社区公共空间品质与环境景观。市政府都市发展局于1999年开始实施社区规划师制度，规划师团队中大多参与过地区环境改造，具有社区参与经验。社区规划师作为政府与民间的桥梁，直接面对社区所有问题，定期对发展局汇报工作进度与内容。他们自下而上地提出环境改造、提高居民生活品质的措施计划，向社区居民宣传低碳理念，鼓励低碳出行、节能减排，对推动低碳社区的发展起到了显著的作用。

社区规划师制度在我国已有实践。"社区规划师"通过技术沟通与协调，协助社区编制规划，推进了政府各部门合作。例如，成都在2009年全市实行的乡村规划师制度；扬州文化里由德国GTZ非政府组织推助的"社区参与老城更新行动规划"；湖北襄樊五山镇由"绿十字"生态文明非政府组织引导的"社会主义新农村建设"；以及深圳市在2011年底开始推行的社区规划师制度，成立社区规划师工作室，作为社区与官方规划沟通的桥梁。2018年以来上海在杨浦、浦东、静安、徐汇、虹口多个区陆续引入"社区规划师"。2019年5月北京市规划和自然资源委员会颁布了《北京市责任规划师制度实施办法》，明确了责任规划师作为第三方人员，为责任范围内的规划、建设、管理提供专业指导和技术服务，助力社区公众参与。

进入城市更新发展新模式的上海，将改善社区空间环境也纳入更新范畴。上海非常重视激发社会活力，倡导政府治理和社会自我调节、居民自治之间的良性互动。上海城市更新已从传统"大拆大建"的粗放型建设方式，逐渐转变为关注零星地块、闲置地块、小微空间的品质提升和功能塑造，着力于改善社区空间环境。

2016年上海市建筑学会和华建集团上海建筑设计研究院有限公司联合发起《行走发现参与——公众参与视角下的城市微空间修复计划》，旨在让全民发现城市建设中可以提升的微空间，并提出解决建议，为城市建设出谋划策，受到了社会的广泛关注。此项活动着眼城市"微空间"，对现有城市微空间、城市功能定位等现状进行评价，并挖掘其背后的潜在需求，提供城市微更新的可行性探索与实践，体现了"公众参与"的内涵；从公众需求的角度，选取与市民密切相关的项目题材，体现公众的参与程度。华建集团上海建筑设计研究院有限公司的"上海虹口区大柏树集装箱创客走廊"设计作品获得专业组一等奖。设计通过修复更新沪松铁路原江湾站旧址至机修厂段"夹

缝形"城市空间,设置不同尺度的公共活动参与空间,并以视觉为主导,体现艺术创意,旨在创造活力之区、趣味之区、消费之区(图7-3)。

引导E　建立明确的参与渠道和方式

对于每一个公众参与项目,都应约定专有的内容、渠道和方式,并落实具体的管理职能和服务职能;应形成可供公众查询的报告、文件;对项目要有全面详尽客观的介绍,对可能产生的影响、要求有明确表述;明确负责的部门、相关资料的布置地点或网上查询平台;明确公众的参与渠道,例如指定地点、电话、邮件、网络等;明确反馈的受理部门及后续跟进机制。

建立科学清晰的参与渠道和方式,是提高公众参与有效性的重要保障,有效的公众参与应该是建设方、政府、公众三方诉求相互平衡的过程。第三方组织便是其中沟通与协调的纽带。专业的规划师或建筑师更是作为重要的环节,在公众、建设方以及第三方组织的协作中,提供专业技术支撑(图7-4)。

随着移动互联网科技的发展,人们彼此之间的沟通日益便利。网络信息平台的建立可以在更为广泛的范围内,对更多的公众进行信息收集,具有开放性、自由性、平等性、广泛性和直接性的特点。利用网络,专业设计师还可以自发组建团体,参与社区建设事务。例如上

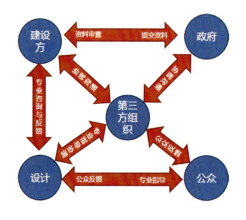

图7-3　上海虹口区大柏树集装箱创客走廊设计(上海建筑设计研究院有限公司设计作品)

图7-4　有第三方组织参与的公众参与模式

海社区花园促进会（Shanghai Community Gardening Association，简称 SCGA）便是由一群致力于推动社区园艺与社区营造的设计师们发起组建的。服务内容包括选址、规划、设计、营造与维护，旨在推动公众参与社区营造，多元有序地推进上海社区花园的发展。

7.2 策略 18
普及公众低碳意识的多样化途径创新

参与意识、参与习惯、参与能力和驱动力来源于公众的认知。公众有效参与低碳社区建设活动，应具备自主意识，有意识地学习低碳知识或在日常生活中主动参与低碳宣传；公众低碳意识受到不同地域、不同经济条件、不同受教育程度的影响，会有所差异。

社区低碳发展需要通过宣传、教育等方式，使低碳理念、低碳技术被公众了解，使低碳文化意识成为共识，从而建立公众主人翁意识，主动参与低碳社区的营造、评价和运营。

引导 A　举办技术知识、法律法规宣传活动

低碳社区的建设和维系发展首先要建立社区居民对低碳认知，了解社区低碳理念和措施，了解低碳的维系与每位居民息息相关，了解自身的权利和义务，规范参与的行为和途径。

首先，是基础认知方面的建立，通过宣传全球气候变暖对人类生存发展的重大影响，增强社区居民的危机意识和责任意识。让居民意识到自身行为和参与，对社区低碳建设的影响作用；其次，宣传法律法规，从权利和义务两方面宣传公众参与的重要性和必要性，规范公众参与行为，明确参与渠道；最后，全面直观地教授社区低碳规划设计理念，广泛开展节能减排科普宣传活动，通过社区课堂开展专家授课、法律宣传、政策讲解、节能经验介绍、节能技术培训、交流节能减排经验。使低碳深化为居民的自觉行动，使低碳的理念和要求渗透入社区公众的日常生活中。

引导 B　完善宣传硬件及软件设施

社区管理机构要充分利用社区硬件和软件设施，构建社区文化网络，营造低碳文化。通过全方位、多角度、宽领域的文化渗透，达到启发人们的低碳意识，培育

社区低碳文化，营造低碳生活时尚的文化氛围。社区内可设置或与周边共建用于研讨、授课和宣传的用房和场地，结合环境景观，通过适宜的形式展示社区节能典型、节能规章制度和节能成果。近年来，城市区域规划越来越重视社区公共服务设施的营造，建立了很多社区公共空间场所，大大提升了公共活动空间的品质和多样性，公共服务管理办公场所也与公共服务设施混合设置，为公众参与活动提供了便利（图7-5）。

随着网路科技发展，越来越多的网络媒体平台建立起来，成为低碳信息传播和宣传的重要途径，使低碳更易于被公众了解和学习。大量与低碳相关的微信公众号被大家熟悉和关注，例如由中国环境报社建立的"低碳生活"公众号，推送了大量低碳知识、低碳活动以及世界范围内的低碳发展动态。还有在很多设计行业关注度比较高的公众号中，低碳相关设计理念、设计案例也经常被推送传播，使得更多的专业人士和公众能够有机会接收和了解到最新、最前沿的低碳技术发展情况。公众也可以通过网络平台表达自己的见解和看法，了解其他人的想法，并可以进行互相的沟通。网络为公众参与提供了更加便捷的渠道，也拉近了专业领域与公众的距离，提高了参与的广度和深度。未来，网络信息平台上的公示和公众参与反馈可能会成为主要的公众参与的渠道和形式。

引导C 紧密结合基础教育

基础教育应与社区建设紧密结合。社区发展的目标需要学校教育及学校参与共同完成，而学校教育的发展进步又依靠社区的支持与合作。学校师生积极参与社区活动，协助社区发展，两者之间是相互依存的关系。学校和社区持续不断地进行双向沟通，使社区了解学校，并积极参与学校的工作；社区也听取学校的意见，积极

图7-5 公众活动场地
（http://image.so.com）
图7-6 同济大学第一附属中学
图7-7 上海复旦科技园小学

改进社区工作。如此，社区环境质量得到了很好的改善，居民的低碳意识得到了培养，学生们也从小就融入了社区生活，对低碳社区建设有深远意义。

位于上海市杨浦区的同济大学第一附属中学2010年正式挂牌成立了"低碳校园创新教育基地"，建立了低碳创新实验室，并设置太阳能发电装置。学校通过校园网、教工大会、升旗仪式、校园媒体等积极宣传低碳项目。通过宣传和培训，低碳项目已深入人心，人人都在思考如何在低碳项目中有所作为。例如班级板报有低碳角，每班设有低碳管理员，学校社团活动有低碳论坛和竞赛，以科技活动为项目载体等。学校有相关人员每月进行校园碳排放量的统计管理。学校还制订了减排目标，对校舍、场地进行低碳改造，争取在未来1~2年内碳排放量减少到目前的75%~50%。学校通过一系列举措培养了学生的节能意识和创新能力（图7-6）。

上海复旦科技园小学依托江湾湿地设立了绿色生物多样性探究体验基地。作为杨浦区的绿色学校，上海复旦科技园小学一直致力于开展特色绿色生态教育。学生在依托江湾湿地的绿色生物多样性探究体验基地里，通过体验式的活动及特色课程"湿地家园"，逐步形成了对湿地文化的理解和认知，提升了关爱自然和生命的生态道德素养（图7-7）。

由上海建筑设计研究院有限公司设计的上海市浦东新区的唐城新市镇唐城中学，是建筑与小区系统海绵城市设计和技术集成的示范工程。项目结合海绵城市建设的"渗、滞、蓄、净、用、排"六字方针，基于适用性和经济性原则，合理选择海绵设施，进行场地竖向设计，实现控制场地径流量和污染的目标（图7-8）。

为了发挥示范作用，唐城中学将场地的雨水组织系统和雨水收集利用、雨水调蓄系统等通过文字、图片、展品等以直观的方式展示给学生，使学生可以更直接、感性地认识和理解海绵城市的理念。本项目采取丰富多样的方式向学生们介绍海绵城市设计的理念，起到良好的示范教育作用。本项目示范教育设施共设有两处。科普教育展示地点均选取在学校主要的道路节点（如教学楼入口）及重点活动区域（如中庭）等人流必经之处，充分引起学生关注，提高教育展示效果（图7-9）。

7.3 策略19
建立共建共享的公众参与社区激励

为了进一步调动广大公共参与的积极性、主动性和创造性，应建立一个科学的激励公众参与机制，让公众以主人翁的姿态参与社区建设。

图7-8 唐城中学
图7-9 唐城中学展示景墙示意图及效果图

引导 A 培育责任意识

政府的执政管理水平依托于公众科学依法参与国家社会事务的能力，同时公众科学依法参与国家社会事务的能力也是体现政府执政管理水平的重要方面。公众参与社会事务需要首先唤醒广大公众公共精神和社会责任感。

20世纪的计划经济体制和单一结构的政府治理模式，使广大公众习惯于服从和依赖，缺乏建立新型社会治理模式所应有的主体意识、社会责任意识和主动参与意识[1]。由此，在当前的政府管理过程中，关注通过培育人民群众的参与责任意识，充分调动公众参与社会治理创新的积极性。首先，建立责任观念，通过宣传、教育、沟通，建立国家、公共与个人利益统一的观念，体现政府鼓励公共参与管理社会事务的积极态度，同时指导公众如何依法有序合理地参与社会事务管理；其次，发挥精英带动的示范作用，树立良好的社会参与形象，引导人民群众建立正面价值观；最后，提供公众参与的机会和平台，建立畅通的沟通和诉求通道。在沟通反馈过程中，完善人性化的交流方式，尊重参与人员，保护参与人员隐私等，使公众更愿意表达意愿和参与沟通。

1994年，中国台湾"行政院"文建会提出"社区总体营造"概念。它是一种借鉴并结合日本、英国与美国社区建设的施政计划，强调社区生命共同体意识、社区参与和社区文化。汲取"日本造町"经验，台湾地区文化的社区总体营造充分挖掘社区特有资源，从多个角度切入，带动其他相关项目发展，例如地方产业文化包装、民俗活动开发与街道景观整治等，最后整合成完整的营造计划。这样一来，社区居民就能更愿意在社区工作和生活，减少出行和能源消耗，培养低碳意识和绿色消费，使居民真正成为营造低碳社区的主角[2]。

引导 B 鼓励共同营造

社区共同营造即以公众参与为基础，社区居民以主人翁的姿态，自我实现社区共同利益的建设理念。

社区共同营造首创于丹麦。而风靡欧美的"群宅"（Group Homes）项目为生态社区的发展探索了一条全新的公共参与道路。参与者基于共识自己动手进行邻里设计，并充分考虑到共用与私人空间的结合（如共用厨房、洗衣除草设备、图书室和

---

1 黄品嘉，赵继伦，赵奕. 提升公众参与社会治理创新的积极性[N]. 光明日报，2016-09-25（6）.
2 彭分文. 建立环境友好型社会的公众参与激励机制探析[J]. 广东社会科学，2009（6）：14.

幼托室等），既节省了住户的开支，也充分利用了各种设施、节约了能源资源。

近年来，上海一些小区管理也借鉴了"共同营造"的模式，支持居民自发组织研究，以共同利益为基础，解决小区问题。例如，面对日益严峻的地下停车流线造成儿童安全隐患的具体问题，某小区在居委会和业委会的支持下，居民自发组织在一起，由组织能力较强的居民召集讨论；由从事设计专业的居民，提出专业方案，并汇总整合意见要求，通过多轮讨论确定停车位画线，并制定停车管理疏导方案；多位小区里的全职太太或退休人员牵头组织，物业部门协助落实。通过小区居民的共同努力，很好地解决了停车和小孩安全活动场地的矛盾。

共同营造实现共同利益，很大程度地激发居民参与的积极性，提高公众参与的广度和深度，公众参与取得良好的效果。

引导 C 有效利用利益影响因子

公众对社区事务的关注也包含着对自身利益的关注和需求，具有物质性的一面。主导部门可以有效利用利益杠杆，促成公众积极参与，将公众对个人利益的维护引导至有利于低碳社区建设的轨道上来，让公众意识到社区建设与自身利益是直接相关的[1]。

在项目公众参与过程中，主导部门需要明确告知相关利益的影响，从而引导公众参与的积极性，建立公众的价值取向。如何让居民切实地感受到项目所带来的影响，如何平衡公众的利益需求，很多项目进行了大量的尝试和实践。例如，在北京市东城区交道口街道菊儿社区的改造项目中，一开始项目公示时，并未得到居民的广泛关注，关注的居民也仅对涉及自身利益的部分提供了很多与项目初衷不太一致的意见。社区管理部门和社区规划师、专业设计师从一处面积较小的公共空间入手，与公众一起商量、设计，将潮湿阴暗的空间，变成了温暖明亮的公共休闲娱乐空间，使公众切实体会到项目给社区带来的改变和对居民生活空间带来的有利改善。这给了公众很大的鼓励，项目实施得到了很多理解和支持[1]。

复杂项目中，有时由于各方考虑问题的角度不同，可能会与公众利益产生较大的矛盾，如适宜地提出利益补偿措施和方案，将会更加有效地解决矛盾推进事务的发展，可以充分地提高公众参与度，并引导公众以更加正面积极的态度参与到项目实施过程中。例如，上海从 20 世纪 90 年代中期开始，就将城市建设与住房制度商

---

1 冯斐菲. 从规划师到责任规划师：深入城市精细化治理, 建筑记忆杂志（微信公众号），2020-3-26.

品化改革相结合，由此带动了整个城市的改造和更新。旧城更新过程涉及政府、民众、企业等多元主体的综合复杂的利益系统，如何处理好政治经济、社会民生、城市生态之间的关系，取得各方平衡、相互共赢是在旧区改造中的核心问题[1]。在拆迁项目中，居民的利益集中体现在拆迁补偿问题，这也是各大城市现阶段共同面临的城中村改造过程中十分重要又具有一定难度的问题。依赖于公平、合理、有效的拆迁补偿政策，上海市2015年开始实行房屋动迁新政，详细规定了经济补偿细则，特别是将补偿过程公开透明。完善的利益保障措施，促使旧区居民积极地反馈需求并配合项目推进，近几年来，上海的旧城更新和改造稳步发展。

可以看到，有效地利用利益影响因子，可以促进居民积极参加社区事务性建设，在社会、公众、个人利益共赢的基础上，营造公众参与的科学、合理、健康的社会环境，推进社区治理。

---

[1] 卢汉龙. 上海的旧区改造和城市更新，http://www.doc88.com

第 8 章

实践案例

第 8 章
实践案例

01 案例

上港十四区整体转型项目

项目概况

2011年，上港十四区杂散货集装箱码头（原上港集团宝山码头），通过城市设计开启了整体更新转型的新里程。昔日的老码头仓储区，将变身为兼具游艇港湾和城市职能的"上海长滩"，成为集绿化、休闲、商业、商务、居住、游艇码头等于一体的复合型新空间，这对于宝山区城市能级提升、功能拓展以及城市人口导入有着重要意义（图 8-1）。

十四区的整体转型，离不开上海的时代背景。上海拥有苏州河、黄浦江、长江、大海等丰富水系，随着城市空间结构及产业调整需要，滨水空间从繁忙的工业岸线向城市观光休闲生活型转变，宝贵的滨水资源将逐渐打造为独特、多彩、开放的共享公共空间。

项目位于宝山区东北部，东西向横亘于淞宝地区长江岸线，毗邻黄浦江与长江的交汇口，北邻宝钢，距离东南侧吴淞国际游轮码头约 1.5km，原为配套港口的杂散货集装箱码头和工业仓储等用地"上港十四区"，隶属于中国最大的港口股份制企业上海国际港务（集团）股份有限公司（简称：上港集团）。在上海城市工业结构调整、加快建设国际航运中心、洋山深水港启用的背景下，上港集团位于宝山区域内的港口设施也面临调整转型，原有工业用地被释放给城市。

图 8-1 左：项目区位；右：老港区旧貌

图 8-2 上：老港区平面图；中：更新后整体鸟瞰图；下：更新后滨江水岸效果图

总体方案概述——依水重生上海新长滩

基地东西长、南北短。规划范围北起长江、南至富锦路、东至绕城高速公路（G1501）、西至牡丹江路和宝钢厂区，长边约 1.5km，南北进深约 350m，各边总长约 4km，总用地面积约 77.6hm²（其中城市建设用地 73.99hm²，水域面积 3.62hm²），规划人口 1.26 万人（表 8-1，表 8-2）。

城市设计确立了"功能集聚、立体开发；滨江魅力，码头记忆；门户形象，绿色出行"的核心设计理念（图 8-2，图 8-3）。旨在盘活从原工业岸线转变为生活岸线、从原工业用地转变为城市功能混合用地、从原码头堆场转变成高品质的城市空间；同时确保与开发建设体量匹配的基础设施有效接入城市体系，有机整合了滨水堤坝、水闸、道路、桥梁、雨水泵站、变电站、公园、滨江休闲带等多个市政配套设施。整个开发总建筑面积 150 万 m²，其中地上建筑面积约 90 万 m²，地下建筑面积约 60 万 m²。

目标一，促进功能业态多元复合。作为支撑上海"航运中心"的战略组成部分，使其功能业态构成上更加多元，打造综合性的城市滨江区域，辅助支撑吴淞国际邮轮港航运商务功能。

目标二，提升滨江魅力中心。传承它本身的港区码头历史记忆，将其塑造成一个具有港口文化体验的区域，提供优越的公共资源。在空间环境上，利用它独特的滨水防汛堤坝高差和港区历史，创造更加多样性的、立体化的开放空间，形成体系，更好地对周边区域提供关联性支撑。

规划经济技术指标表　表 8-1

项目			
总用地面积 /ha			77.62
总建筑面积 / 万 m²			91.17
其中	住宅建筑面积		50.38
	社区服务设施建筑面积		1.1
	基础教育设施建筑面积		0.72
	公共设施建筑面积		38.46
	其中	商业办公建筑面积	33.46
		文化体育设施建筑面积	5.51
	其他建筑面积		
总量 / 万人			1.26

土地使用规划一览表　表 8-2

用地代码		用地性质		用地面积/ha		占建设用地面积比例	
大类	中类	大类	中类	大类	中类	大类	中类
R	R3	居住用地	三类住宅组团用地	20.87	20.15	28.21%	27.23%
	RS		基础教育设施用地		0.72		0.97%
C	C2C8	公共设施用地	商业办公用地	10.60	8.64	14.33%	11.68%
	C3C4		文化体育设施用地		1.96		2.65%
G	G1	绿化用地	公共绿地	28.91	26.99	39.07%	36.48%
	G2		防护绿地		1.92		2.59%
S	S1	道路广场用地	道路广场用地	13.25		17.91%	17.91%
U	U1	市政公用设施用地	供应设施用地	0.36		0.49%	0.49%
规划建设用地面积				73.99		100%	
E	E1	其他用地	水域	3.63	3.63		
规划区总用地面积				77.62			

目标三，营建宜居国际社区。建设一个低碳、生态、充满生活气息的社区，包括：方便的居住、完善的生活配套、绿色出行、低碳环境设计，以及绿色建筑等。

| 8-3 | 8-4 |

图 8-3 上："上海长滩"实施方案总平面图；中：更新方案的整体鸟瞰图；下：混合社区建成照片

图 8-4 上：大湾区有轨电车规划图；下：4个交通组织图

总体低碳策略实践

今天,国外也好国内也好,在进行城市更新的时候都需要把城市活力焕发出来。其本质就是要焕发出这个地区独特的地缘特质——在交通、功能、文化和生态环境方面所独特的东西。这也是本次城市设计的一个重要任务。

(1) 缝合交通割裂,增强公交和慢行的可达性

项目所在地距离轨道交通 3 号线铁力路站约 1.9km、距友谊路站 1.3km,距离吴淞码头约 6.7km,基地目前区域公交网络未覆盖。

城市设计构建有轨电车环线,强化轨道交通 3 号线各站点与基地之间的"公交捷径",同时增设一个两线公交首末站,打通与宝杨路码头的便捷联系,提升公交站点步行可达的覆盖率(图 8-3,图 8-4)。

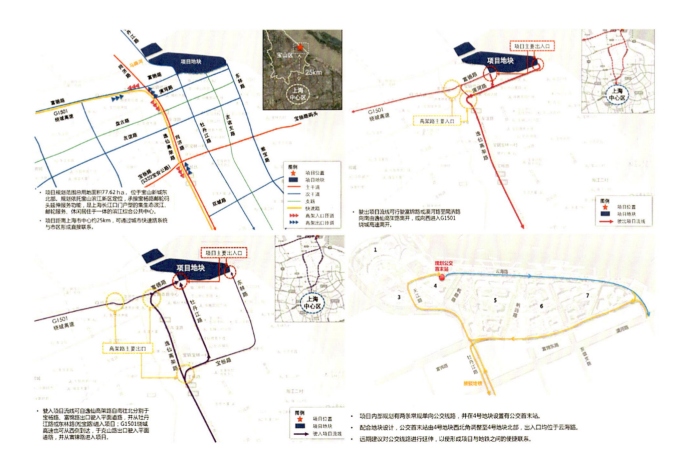

（2）充分发挥能源利用效率，功能混合布局，提高社区混合度和公共活力

通过能源有效互补利用的分析，城市设计提出了居住、商业商办、文化、绿地休闲、邮轮游艇港口等五大功能，并提出对商办、居住以及文化功能和绿地公园要注入新的元素，形成活力区。通过自西向东6个街坊呈楔形与滨江绿化带串联交织。各街坊规划指标均为商住混合地块，主要包括50万m^2住宅、35万m^2商办、约6万m^2的其他配套（幼儿园、社区公共服务设施、文化设施、市政设施）等（图8-5，图8-6）。

（3）结合滨江场地环境，活化工业文脉，构建特色文化绿核

本次城市设计密切结合自然环境，充分利用道路绿地、滨江绿地和集中公共绿地，提高绿化综合效益，在沿江形成以生态环境景观为特色的公共开放空间。

两块面积近7.5hm^2的楔形绿地与面积近3.2hm^2（宽约30m，长约1.1km）的一个带形滨江公园，一并成为这一"滨江综合公共中心"的标志性绿核空间，同时发挥它为周边的居住、城市生活提供休闲场所的城市职能。美国景观设计师Thomas Balsley操刀后续楔形公园及滨江景观设计方案（图8-7）。

同时它还是一个独特的生态文化景观，包括港口塔吊的滨水工业码头文化记忆，寓意"水之流动"的曲线型公园，

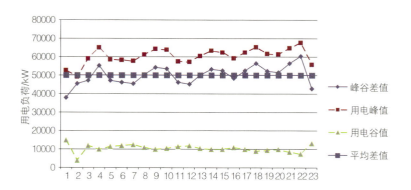

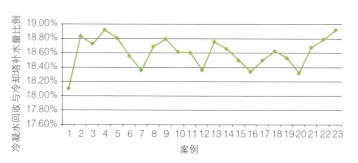

（以上图表）上港城项目全年用电量、夏季日用电负荷峰谷、生活热水能耗与冷凝热回收量、夏季冷凝水补充冷却塔用水比例等能源综合图

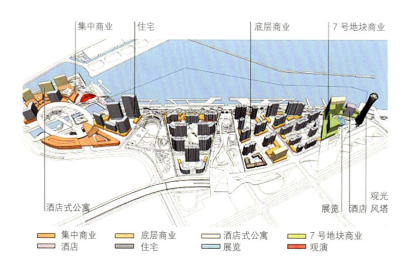

灵活的竖向设计和景观小品。北侧的防汛墙相当高，设计从基地中央的步行横街开始向北缓坡抬升，让人们在不知不觉中走到滨江公园和亲水的游艇码头，提升岸线活力、连线江城对话。楔形绿地所独具的指向明确的射线型视廊也有利于塑造地标门户，兼顾防风与日照，提升港口地缘特色的认知。过江隧道风塔建筑结合城市观光功能成为高度180m的空间地标，由美国DLR设计公司进行后续实施方案设计（图8-8）。

（4）地形再造、"还江于民"，组织步行友好、开放共享的滨江空间

基地濒临长江，防汛江堤坝顶高于城市基地高程。城市设计顺势造地，减少土方量的开挖，形成了由4.5m（城市道路标高）、10.5m（滨江休闲带标高）和5.8m（滨江码头标高）落差所构成的"水荇牵风翠带长"的独特坡形地貌，既满足了防汛防洪所需，又保留了原港口码头留下的亲水平台。用于抵御水患的高台防洪方案，在取得良好防洪效果的同时，形成道路标高与滨江平台标高连接的北高南低3%的缓坡，坡下布局服务空间（图8-9）。

连续地面作为开放的绿地和滨江活动场所，开敞的滨江休闲区成为市民凭水临风、参观游览、健身活动空间，充分体现"以人为本"的生态开发理念。

滨江复层道路的价值充分发挥，地下层与街坊地下一层连接，地面层与周边市政道路平接，地上层作为还地于民的人行广场及花园。

图 8-5 项目全年用电量图及夏季冷凝水补充冷却塔用水比例图
图 8-6 项目功能构成图
图 8-7 楔形绿地景观设计图
图 8-8 左：滨甲板公园效果图；右："隧道风塔"与城市观光功能结合

从防洪堤到城市道路形成的巨大坡道下均为地下空间，整个地下空间统一规划开发：地下一层为功能夹层，两个楔形公园下夹层设运动健身空间，地下二层为停车。地下空间全部连通，满足内部交通和地下通行需要。

（5）建筑组群街区布局，创造自然友好的微气候环境

"街区"是城市中相当重要的空间。贯穿基地中央设计的步行横街，将6个功能组团切分为若干大小不一的高贴现率的围合式街坊（图8-10）。

高层住宅街坊采用大栋距围合式，形成围合型街区布局，提供了较为完整的城市空间贴线率，形成风环境缓冲区。街坊自身和街坊彼此之间做到尺度协调、朝向四个方向、高低配合、宜人友好，实现整体丰富性和趣味性。

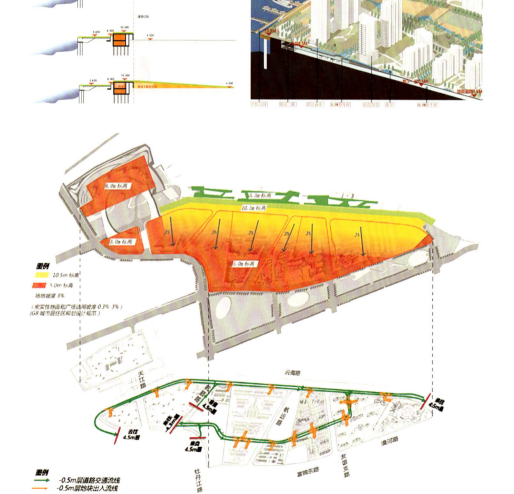

图 8-9 地形成因，地下空间立体开发

图 8-10 典型居住街区

中央步行横街与围合街区，还可避免江风对人流停驻的负面影响，以达到适应滨江的气候特征的室外建成环境的最大舒适性。同时也十分注意与公园绿地、公共服务设施的相互渗透性和互动性。

项目基本情况

项目类型：滨水国际社区
基地面积：约 77.62hm²
地上建筑面积约：90 万 m²
地下建筑面积约：约 60 万 m²
设计时间：2011 年—至今
计划建成时间：2021 年底
建设单位：上海国际港务（集团）股份有限公司
设计单位：上海建筑设计研究院有限公司；美国 DLR 设计公司；美国 PE（Perkins Eastman）设计公司；香港 BENOY 设计公司；美国 Thomas Balsley 建筑事务所等

02 案例

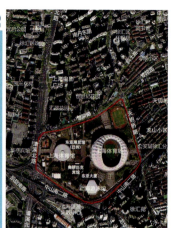

上海徐家汇体育公园更新项目

项目区位及建设背景

随着"国际赛事之都"作为上海城市建设的新目标,体育设施、体育公共空间、体育消费等,成为申城城市公共生活的重要组成之一。

2017年至今,根据市政府规划要求,上海体育场、上海体育馆、上海游泳馆及周边区域正在逐步改造成为"一个全新的徐家汇体育公园"。它的这次跨越,是上海在存量发展的新时期对城市核心区体育功能全面更新升级的示范。

徐家汇体育公园位于上海市徐家汇社区南部,原是上海徐家汇万体馆地块,四至边界为漕溪北路—零陵路—天钥桥路—中山南二路,占地约40.6hm²,在保留改造"一场两馆"和东亚大厦等原有建筑的基础上,重新整合空间环境,新建体育综合体,进行整体规划设计。通过场馆功能升级和户外环境改造,建设成为"体育氛围浓厚、赛事举办一流、群众体育活跃、绿化空间宜人"的市级公共体育活动集聚区。主要承担承办国内外顶级体育赛事、满足市民健身休闲要求、开展青少年业

余训练和引领体育产业发展四项功能。改造后的徐家汇体育公园，地上建筑面积不超过 25.2 万 m²，地下建筑面积约 11.6 万 m²，绿地率达 30% 以上（图 8-11，图 8-12）。

总体方案概述——联动城市脉络

总体方案非常关注如何与外部环境保持更系统、更匹配的联动，从而参与到更大的城市发展中去发挥作用，"让城市活起来，让体育绿起来，让公园动起来"。

①支撑上海"4+2+X"体育格局：徐家汇体育公园（暨东亚体育文化中心）是内环以内唯一的市级体育中心。

②构建徐汇区健康绿环和历史文化网络：30 分钟步行圈内，城市绿地分布丰富。未来的徐家汇体育公园，将为城市带入一抹浓绿，成为徐家汇地区"从徐汇公园——徐汇体育公园——徐汇滨江公园的城市特色绿环和步行活力"的关键节点。

③打造徐汇核心区的特色双核：基地向北步行 15 分钟内可达徐汇商圈城市副中心。未来"徐汇商圈 + 徐汇体育公园"整体联动，共建特色双核的核心区。

④传承珍贵的城市记忆：基地自身也是上海城市的珍贵记忆。20 世纪 70 年代修建的万体馆、20 世纪 80 年代的游泳馆、20 世纪 90 年代的八万人体育场，集体见证了上海体育文化的发展，也是众多上海市民心中的珍贵记忆。这里曾经是第八届全运会的主会场，2008 奥运会足球比赛场地，中超豪门上海上港俱乐部的主场。时间的积淀，蕴含了一条东西向和一条南北向的轴线。

图 8-11　左：项目区位；右：项目现状

图 8-12　左：上海徐家汇体育公园更新效果图；右：更新总平面图

⑤强化全市通达的公共交通：周边4条轨道线，其中四号线为轨交接驳环线，基地可达性辐射全市范围。基地周边的43条公交线路，亦可通达全市。

既有传承、又有创新，其更新设计致力联动城市脉络（图8-13）。

总体低碳策略实践

（1）人文、环境、体育功能紧密结合的场地布局

塑造"一轴两翼"清晰结构，结合场地记忆的文脉，巧妙地将专业赛事与大众体育两大主题进行分区布局。"一轴"，引导华亭宾馆、上海体育馆和上海体育场的东西向城市空间轴传承历史记忆，并形成"专业赛事轴"。专业赛事以外的"两翼"空间作为大众体育公园区，北面为"有氧公园"，满足市民休闲休憩需求，提供了移步异景的优美环境；南面结合现有的市民游泳馆创造"运动公园"，营建绿树掩映下的足球公园、篮球公园等。实现人文记忆、运动体验与生态自然的有机结合。

（2）上海季象、四时风光，开放融合的城市空间

保留现状植被，运用合理的乔灌比，实现景观界面的开放度和集约度。沿高架一侧采用绿色覆土建筑（体育综合体设计）起到一定的屏障作用。针对上海四季的季象特点，强调春花、夏荫、秋色、冬枝的植物景观和四季气味，使四季皆有景可观，让公园更显风采。新建2.5km外环和1.3km内环的健身跑道，串联南北两大公园。

图8-13 区域联系分析图
图8-14 总体分析图（德国HPP+上海建筑设计研究院设计文本）

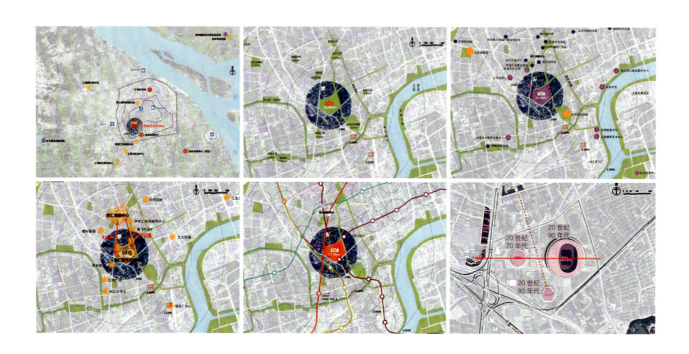

外环跑道融合城市界面，内环跑道穿梭于绿化景观，提升跑步体验。

（3）赋能新活力的建筑更新

上海体育场保留原有结构框架，植入新功能，增加赛事活动配套设施，成为能够进行综合田径赛事和草地运动的综合性体育场。

上海体育馆进行结构加固改造，保持原有风貌，成为能够举办顶级国际赛事的一流综合性室内场馆。

上海游泳馆实现硬件设施提升改造，拆除看台、取消赛事功能，成为市民健身游泳馆和青少年专业训练场所。

东亚大厦改造成徐家汇体育公园综合运营管理中心，以及相关体育组织的办公区域。

（4）以公共交通为导向的土地高效利用

南面运动公园新建约 6 万 m² 地覆土"绿色屋顶"的下沉式体育综合体。屋顶上是掩映在绿化中的篮球公园；地下空间开发建设适合市民日常运动和锻炼的体育功能设施，包括 40 片羽毛球场、30 片乒乓球场、3 片网球场以及壁球、击剑、体操、健身房等设施（图 8-14）。

强化与轨交站点紧密结合的地下空间利用。地下空间可直达轨道交通 1 号线和 11 号线车站站厅层，借助地下通道抵达上海旅游集散中心，方便市民绿色出行抵达

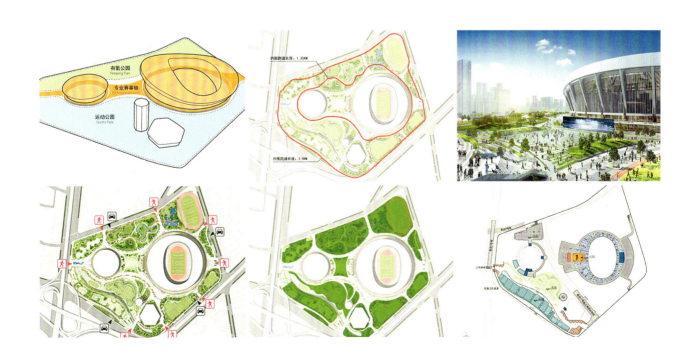

公园。同时与万体馆连接，方便运动员从地下体育综合体内的热身场地便捷到达比赛场地（图 8-15）。

项目基本情况

项目类型： 体育场馆及体育公园

基地面积： 约 36hm²

地上建筑面积约： 20.74 万 m²

地下建筑面积约： 约 6 万 m²

设计时间： 2017 年

计划建成时间： 2021 年底

建设单位： 上海市体育局、上海久事（集团）有限公司

设计单位： 德国 HPP 建筑事务所；上海建筑设计研究院有限公司

图片来源： "上海徐家汇体育公园更新项目" 文本

图 8-15　上：徐家汇体育公园南面运动公园场地剖面图；下：万体馆更新效果图

图 8-16　虹桥商务核心区一期区位图；右：总平面图

上海虹桥商务核心区一期项目

核心区一期项目概况

虹桥综合交通枢纽的建设是上海发展的一个重要战略机遇,除了承担"服务长三角一体化、服务全中国"的国家战略,还承担了上海重要的对外交通功能以及对内对外的交通换乘功能,为上海在西部建成一个新的现代化服务集聚区带来了机会。上海市委、市政府 2009 年成立的上海虹桥商务区,位于上海市的西部,东起外环高速公路(S20),西至沈阳-海口高速公路(G15),北起北京-上海高速公路(G2),南至上海-重庆高速公路(G50),总规划面积 86km^2。其主体功能区面积 26km^2,包括虹桥机场-高铁综合交通枢纽等;主体功能区以外是拓展区,面积大约 60km^2。

商务核心区处于主体功能区中部,是商务功能高度集聚的区域,东侧紧邻虹桥机场-高铁综合交通枢纽本体,西至嘉闵高架,南至建虹路(原义虹路),北至扬虹路,总面积约 4.7km^2,是上海"多核心"中央商务区的重要组成部分,将建设成为上海市第一个低碳商务社区。"核心区一期"位居中央,占地约 1.43 km^2,受虹桥机场航空管制限高 43m,地上开发总量约 170 万 m^2,全部为公共设施,其中商务办公约 95.6 万 m^2,商业设施约 50 万 m^2(图 8-16)。

总体方案概述——低碳理念+商务社区理念

核心区一期充分发挥交通枢纽和商务功能的集聚整合作用，突出低碳设计和商务社区的规划理念，建设成为"功能多元、交通便捷、空间宜人、生态高效、具有较强发展活力和吸引力"的上海市第一个低碳商务社区（图8-17）。

低碳理念的核心是实现节能减排。主要表现在城市空间布局、交通组织、能源利用及建筑设计4个方面。城市空间布局方面主要包括：通过小街坊、高密度、低高度的空间形态创造步行化的环境、适宜节能的建筑群体；通过功能混合布局减少长距离出行；通过多样性的公共空间增强可行走性。交通组织方面主要包括：鼓励步行交通及自行车交通，促进公共交通，减少私车交通。能源利用方面主要包括：利用新能源、可再生能源，并尽可能利用近距离输送，提升能源的利用效率。建筑设计方面主要包括：控制建筑材料、建筑物的遮阳及外保温、屋顶绿化、建筑自然通风等。

商务社区理念的核心是强调空间的整体性和人性化。商务社区是指借鉴社区的社会和空间组织形式，形成内部联系紧密、服务功能完善、综合性、高效率的商务区。规划布局上，针对传统商务区功能单一、尺度过大、公共空间少、配套服务缺乏等问题，突出宜人尺度，强化功能混合，增加交往空间，加强社区认同感和归属感。

本次城市设计还有一个重点任务，是适应商务区建设发展的需要和土地供应方式的转变，强化空间形态、功能业态的结合，强化对公共空间和建筑单体形态控制和建设标准的确定，探索土地供应中带方案出让的操作模式。

图 8-17 虹桥商务核心区一期鸟瞰效果图

图 8-18 核心区一期的立体化公共空间，以其开放、通透、活跃、便捷、绿色、艺术的场所形象，成为核心区最重要的"城市客厅"

总体低碳策略实践

核心区一期低碳理念在城市规划建设的各个阶段予以落实,主要突出表现为8大特点(图8-18)。

(1)功能业态——多元混合

多元混合是低碳商务社区在功能业态方面最为重要的特征。核心区主体功能为商务办公,配套功能包括零售商业、文化娱乐、体育休闲、高端会议、精品展示、餐饮、酒店等。

采取混合渗透、有机结合的"城市三首层"布局模式,商务功能主要布置在地面3层以上,商业功能主要布置在地下1层至地上2层,休闲及其他配套功能则融合其中分层布置。混合布局将大大减少交通出行,是低碳节能的体现。

(2)街坊尺度——亲切宜人

在空间尺度方面,核心区突出了路网高密度、街坊小尺度、建筑低高度的特点,创造亲切宜人的环境品质。增加支路及步行道,提高道路网密度。道路网密度

10.8km/km²，街坊尺度150m×200m左右，街坊规模3~5hm²之间，步行道间隔在90~150m之间。对于较宽的路面通过建筑贴线、增加绿化隔离带等措施减小空间尺度，优化道路景观，形成亲切宜人的街道空间。

（3）空间形态——均质统一

空间形态方面，核心区突出街坊的整体均质。每个组团内街坊空间序列按照统一的高密度、低高度的街坊围合模式进行组织。通过对建筑高度、建筑密度、街巷布局、建筑形态等方面的控制，强调核心区细腻丰富的城市肌理，连续统一的界面，树立起虹桥商务区特征鲜明的地域形象。特定的限高控制形成了特殊的建筑风貌，虹桥机场周边限高43m左右（吴淞高程+48m），区域内建筑普遍为6~8层，标志性建筑最高为10层，局部以3至4层裙房联系。规划街坊建筑密度大多在50%左右，街巷布局收放有序，并通过街坊内部的围合空间形成人性化交流场所。

（4）公共空间——立体丰富

在塑造统一均质空间序列的基础上，城市设计强调空间构成的丰富多样和人性化。结合街坊布局，以地面步行道系统为主，串联二层步廊和地下空间，构建立体分层步行网络。地下一层结合地铁站及商业休闲公共功能布置，二层步廊结合周边地块建筑设置。

立体化的步行系统串联起地上、地面、地下各个位置的公共空间和商业设施，特别是街坊内的地下公共活动空间——通透的下沉式广场、地下街，以及地下公共通道，将公共空间、配套功能、景观绿化、自然采光通风，以及方向辨识等融为一体，实现"地下空间地面化"设计，塑造了开放、通透、活跃、便捷、绿色、艺术的场所形象，成为核心区最重要的"步行城市客厅"，空间开敞、自由、通透、贴近自然，成为人们在核心区上下班、购物、游憩等极富特色的立体生活空间。立体化的步行系统与核心区的绿地、广场、公共设施一起，形成丰富多样、活泼适宜的核心区公共空间系统。

（5）交通组织——绿色人性

统筹协调地区内外交通组织，外部交通体现快速集散，内部交通组织突出便捷人性化。优化地区交通组织，采用禁止左转、单向交通等方式，缓解内外交通转换节点在高峰时段的拥堵。完善地区公共交通，整体考虑商务区公共交通网络，设置内部环形公交线路，使用新型节能环保车辆，与枢纽及过境公交线路形成接驳。结合步行网络、商业中心及公交站点，设置自行车租赁点，构建"地铁+公共自行车"的绿色交通模式。加强静态交通规划，充分利用地下空间，以地下二层空间为主，合

图8-19 左：地面机动车出入口示意图；中：地面公共开放空间布局示意图；右：地下空间步行系统联通布局示意图

理限制地下停车数量，提倡公交导向。

（6）能源利用——高效环保

规划强调能源的高效利用，主要体现在区域能源的综合配置及雨水收集技术的应用。其中能源结构以燃气冷热电联供分布式供能系统为主，太阳能系统为辅，夜间低谷电蓄能系统做补充。区域能源中心统一规划，分级布置，分步实施，各级能源中心通过能源公共输送管网连接，构成商务区节能、安全、多源的供能系统。雨水收集系统突出整体性、规模化。通过对屋面及地面的雨水进行收集和处理，可用于土地入渗补充地下水以及市政、生活用水。

（7）建筑设计——绿色节能

规划商务区核心区范围内所有建筑均应满足节能要求，并建造若干个高等级低碳示范建筑。全面推行建筑节能措施，采用新型建筑材料、外遮阳系统、屋顶绿化以及节水设备（如中水系统）、自然采光调控设施、智能能源管理设备，提高资源和能源利用率，实现节能减排。建筑设计、施工、运营的全过程将严格遵照国家《绿色建筑评价标准》的要求，最大限度地节约资源，减少二氧化碳的排放。

（8）地下空间——衔接TOD，出行大连通

核心区一期充分发挥TOD优势，在地下、空中两个标高无缝衔接虹桥枢纽，在短时间内通过步行或摆渡车到达"整合高铁——航空——轨交的虹桥综合交通枢纽"。以虹桥枢纽为中心，1.5小时内可以到达长三角区域内的所有重要城市。优越便捷的交通出行大大提升了核心区一期对商务活动的吸引力，虹桥枢纽所产生的巨大客流也意味着巨大的商机（图8-19）。

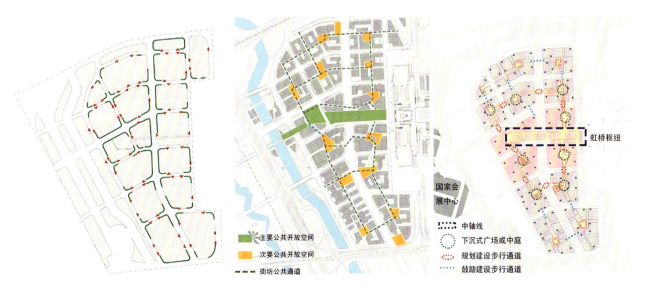

核心区一期地下空间总开发规模约 150 万 m²（地上约 170 万 m²），主要功能为地下公共服务、地下步行、地下停车以及地块地下商业等，其中以商业、文化娱乐为核心的地下公共活动空间主要集中布局在中轴两侧。地下空间整体开发三层，B3 层主要用于停车库，B1、B2 均适度商业开发、统一标高、整体联通。规划 21 条地下通道，构建地下步行网络，在 -9.35m 标高全面联通所有街坊地块，并汇流至中轴地下空间、后向东直达虹桥枢纽 B1 层轨交和机场换乘大厅、向西通往国家会展中心（图 8-20，图 8-21）。

图 8-20 左上：立体慢行系统示意图；其他：集中供能地下设施布局及路由布置示意图

图 8-21 分别为：功能结构图；业态混合布局图；建筑高度和空间肌理示意图；地下空间总体布局示意图

项目基本情况

地点： 虹桥综合交通枢纽－虹桥商务区

时间： 2001—2020 年

规划范围： 1.43 km²

建设规模： 地上约 170 万 m²，地下约 150 万 m²

委托单位： 虹桥商务区管委会

主要设计单位： 上海城市规划设计研究院，德国 SBA 公司，华建集团华东建筑设计研究院有限公司，华建集团上海建筑设计研究院有限公司，上海市政工程设计研究院有限公司等

04 案例

上海徐汇滨江西岸传媒港项目

项目区位及建设背景

全球城市越来越关注城市的集约、开放、共享及生态建设。在上海建设成为"卓越的全球城市"总体目标进程中,对有限空间的充分利用及城市空间品质的提升成为政府关注的重点。城市是生命体、有机体,应"以绣花般功夫"推进城市精细化管理,而西岸传媒港项目是上海首个地下空间整体开发独立立项出让的案例,也是公共开放空间整合度较高的区域整体开发实践。

徐汇滨江是黄浦江两岸开发"十二五"期间的重点发展区域。在以文化产业为主导发展方向的目标下,徐汇滨江利用自身优越的地理环境和独特的文化底蕴积极打造西岸传媒港,其四至边界为龙腾大道、规划七路、黄石路、云锦路,用地规模约19hm^2,包含九个单独地块以及包含九个地块之间市政道路下空间的完整三层地下空间。地上建设规模约55万 m^2,地下建设规模约45万 m^2。西岸传媒港作为徐汇滨江的重要先导项目,将积极招引海内外优质影视娱乐媒体项目在此聚集,并带动一批高端商业、商务的发展,发展综合性的文化传媒集聚区,形成城市未来文化传媒新地标(图8-22,图8-23)。

总体方案概述——立体街区的创新实践

立体化是城市发展要求下的城市形态演变，也是一种为了满足城市土地资源紧缺与城市集约化发展的需求，在垂直方向上开拓新的城市空间的发展策略。通过对有限城市用地进行深度开发，实现城市空间和城市功能的合理再分配，促进城市空间高效开发利用，从而保证城市可持续健康发展。

在以文化产业为主导发展方向的目标下，作为徐汇滨江的重要先导项目，西岸传媒港"九宫格"聚集了包括中央人民广播电视台长三角总部、湖南卫视、腾讯上海总部等顶尖媒体，以传媒为其功能基础，结合轨道交通站点，引领街区空间从地上到地下的商业、文化、办公、娱乐、休闲等多功能、复合式、立体化的整体街区开发。这些企业的楼宇共同集成在一个从地下三层到地上二层平台的巨大容器中，各类动线的联系、有效的方向引导，都是通过公共空间（城市核及二层平台）形成的网络得以实现。这是该项目与众不大同最大的特征。

日建设计在概念方案之初就提出"建立第二地面"的设计理念。针对基地9个街区面向黄浦江连续的布局，建立起二层平台、地面层、地下空间一体化丰富的步行体系。在保持街道网络的同时，通过丰富的公共空间，跨地块开发红线的整体系统设计，实现一化开发的目标（图8-24）。

图 8-22　项目区位图
图 8-23　西岸传媒港效果图

总体低碳策略实践

（1）人文、环境、功能紧密结合的生态街区

综合自然环境特点、绿色建筑示范园区及 LEED-ND 目标，整合水系、绿带和路网，创建绿色生态街区，营造有特色的景观与开放空间，塑造优美的滨江城市空间形象。在充分利用自然资源的同时，注重资源分配的合理性，通过科学论证确定合理的开发强度与空间形态，使其不仅拥有良好的生态景观，同时拥有最优化的光环境、

图 8-24 西岸传媒港实景照片
（图片来源：上海建筑设计研究院有限公司）

图 8-25 西岸传媒港空中慢行系统

风环境、声环境，使地下空间、地上建筑及滨江环境有机融合、和谐共生。

（2）以公共交通为导向的土地高效利用

强化与轨交站点紧密结合的地下空间利用以及地下停车空间的集约利用。从地铁站开始通过无障碍通道连接的地下商业网与地上商业空间融为一体，并对商业人流进行积极引导。各地块内部车库出入口的集约整合：利用公共快速出入口匝道+地下快速环路的交通体系，在满足使用要求的同时，合理减少各地块内部的车库出入口数量，将各个功能停车场间与开发街区间相互连接，打造灵活边界的划时代的地下交通体系。

（3）第二地面：建立城市空中慢行系统

为构建通畅宜人的步行网络及开放性空间，充分利用滨江景观资源，西岸传媒港建设连接九个街坊的整体二层平台。"第二地面"将大量种植乔木，为行人提供绿树环绕的宜人林下空间。同时，构建一个多层次、全面保障步行的慢行交通系统，提高系统的舒适性、通达性、安全性，构筑以人为本的慢行交通空间（图 8-25）。

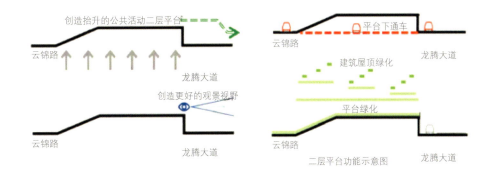

（4）城市核（Urban Core）的立体串接

城市核实现竖向联系，形成集聚空间，完善空间上的使用率，同时能够减轻空间及流线上的通行压力并丰富流线空间的变化，给使用者带来富有魅力的空间体验。

在 4 个道路交叉口附近设置了从地下三层到平台层贯穿的城市核。城市核既是显著的入口标识，也是整个公共空间的定位标志，与周围的建筑互相映衬，注重整体的一体化与自身特征的塑造。这不仅提供了地下三层到地面二层的上下交通联系，也为地下空间提供了完全自然的风、光等的环境体验，是整个立体街区的核心枢纽。同时，城市核也是地下公共环通道进入各地块的落客入口与地下各层进入地上功能空间的入口大厅，通过垂直电梯完善各层直接进入无障碍体系，提供更便捷的客流体验（图 8-26，图 8-27）。

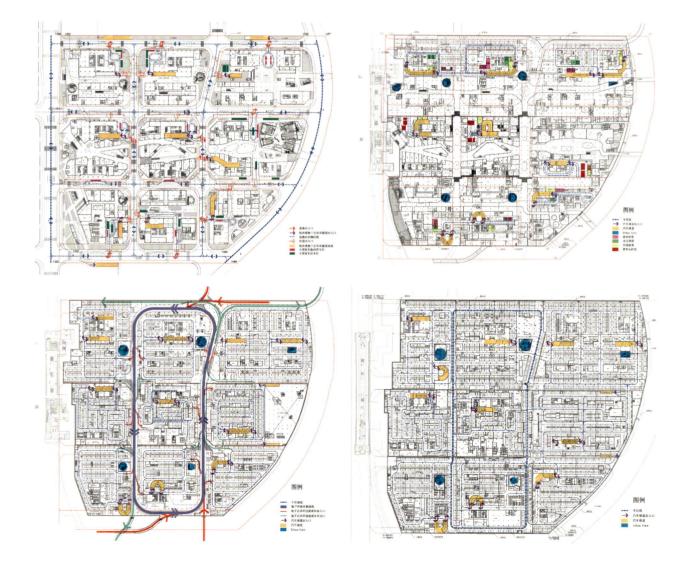

（5）立体化的车行组织

为了分离过境交通，补充道路资源，实现区域整体的集约高效的停车布局，形成便捷到发与交通均衡的道路交通体系及集约建设资源共享的地下空间的同时有效减少街坊内地库出入口。西岸传媒港在市政道路规划十一路、规划七路、云谣路和黄石路下方设置车行公共环形通道，以实现优化传媒港内部交通环境和优化城市区域性交通的双重目标。

（6）发挥平台景观效能，实现滨江环境的自然渗透

整个二层公共开放平台层面积达 4.6 万 m^2，将西岸传媒港九个地块串接在一起。平台层引入"绿色磁场"景观理念，提供大量绿树环绕、林下成荫的自然体验，并通过不同尺度的公共运动空间，塑造舒适宜人并具有吸引力的公共活动场所和可观景休憩与舒适停留的高品质公共空间，成为黄浦江畔独具特色的亲水性"空中花园"，整体拉结云锦路地铁站和徐汇滨水空间，激活场地内部（图 8-28）。

图 8-26 城市核
图 8-27 地下二层公共环通道
图 8-28 平台公园——黄浦江畔的空中花园（图片来源：https://new.qq.com/omn/20210317/20210317A 0B93O00.html）

项目基本情况

项目类型：商业办公文文娱复合功能区域整体开发
基地面积：约 19hm^2
地上建筑面积约：55 万 m^2
地下建筑面积约：约 45 万 m^2
设计时间：2013 年
计划建成时间：2021—2022 年
建设单位：上海西岸传媒港开发建设有限公司
设计单位：日建设计、上海建筑设计研究院有限公司、Gensler、Benoy、KPF、SWA group、巴马丹拿等

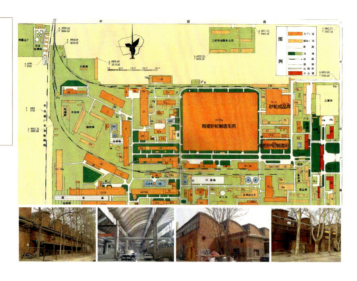

郑州"1953"文化创意产业园城市设计

项目区位及建设背景

郑州二砂文化创意广场项目位于郑州市中原区华山路以西，中原路以南，西三环以东，颍河西路以北；地块东北角为万达广场，周边人气比较旺盛，商业氛围良好。项目附近学校、医院、商业市政配套设施完善，具有良好的发展潜力（图8-29）。

项目拟利用原二砂厂区内近现代优秀建筑规划改建为文化创意园，厂区占地约56hm^2。"二砂"是1953年投资1.5亿元兴建的，由前东德设计施工，不仅是"一五"期间全国156个重点项目之一，还成为当时亚洲最大的磨料磨具企业。这家为河南乃至全国的经济发展做出了巨大贡献的企业虽然在近年来走入低谷，但其厂区内所保留的大工业时代的印记，却早已成为一种工业文化遗产。厂区内的烟囱和厂房，见证了工业文明的进程，也记录了产业工人的人生。如何将这种遗产进行保护、将工业遗存与创意产业相结合、让老工业基地散发出新的魅力、并且在如今发挥出更大的作用等，一直是郑州市相关部门探讨多年的话题。早在2009年，郑州市相关部门

就开始酝酿将"二砂"（现白鸽厂区）建设成为一个文化创意园区，在保留老工业印记的基础之上，融入更多的时尚文化元素，将二者进行有机结合（图8-30）。

总体方案概述

"1953"文化创意产业园以保护工业遗产为宗旨，塑造新旧共生形象为手段；建设可达性良好、满足区域公共服务功能、推进郑州市文化创意产业发展的特色活力区。园区在设计上以历史文化传承为基础，将文创功能与城市功能相结合，使园区融入城市发展体系，从而确保历史文化保护与城市活力建设协同发展。建成后的文创中心将在形态上与城市同构，成为郑西地区特色活力区（图8-31，图8-32）。

总体低碳策略实践

（1）优化片区道路系统，保证园区的空间完整性

原版的城市规划没有考虑厂区的保护问题，将其视作一般的城市发展区域，交通系统呈网络化布局，虽然在理论上满足了交通的需求，但是厂区的保护建筑将得不

图8-29　厂区现状图
图8-30　厂区区位图
图8-31　总平面图

到有效保护。因此本区域交通空间系统总体布局应以"满足城市交通体系建构、保证文化创意广场完整性、保证创意园区的人流集散"为基本原则。通过局部道路下穿的方式，不仅保留保护了主要厂房建筑，而且保证园区内的公共空间、步行系统不受城市道路的分割（图 8-33）。

（2）保护工业遗产意向，打造城市级文创活力中心

对于郑州二砂文创园区的建设既要保护历史传承，又要实现创意园区的现代化发展要求，不能简单地定位成历史博物馆。保护设计目标就是：将历史保护与区域

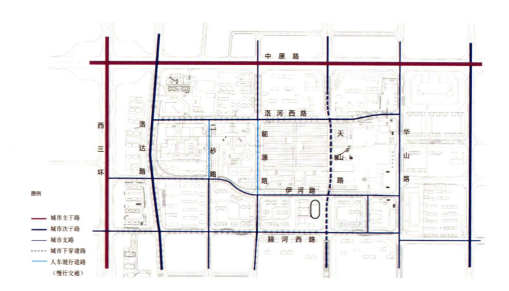

图 8-32　鸟瞰图
图 8-33　道路交通系统图
图 8-34　植被的保护与保留

发展结合；在文化创意区，应该注重历史意象的传承，强调新建设彰显历史文化。

在设计中我们采取的历史保护方法就是保护二砂工业遗产的"意象"。

意象保护一：历史工业建筑

通过实地调研尽量多地保留有价值的工业建筑，从 7 个增加到 19 个。

意象保护二：保留现场的大型乔木

二砂厂区的树木以悬铃木为主，超过 60 年的树龄，有很强的历史意义和观赏价值，新建筑布局与设计应该以保护古树为原则（图 8-34）。

意象保护三：保留厂区中轴线

厂区中轴线呈东西向延伸，植被层次丰富，轴线串联起厂区入口、主要厂房、仓库等重要工业建筑，是功能和空间形态双重轴线的结合。强化厂区主轴线作为中央景观大道，两侧种植规整高大的树木，形成对称多层次的景观，并且串联起创意园区各个重要节点（图 8-35）。

意象保护四：厂区铁路

厂区内原有的运输物料和产品的专用铁路线在厂区建设中被填埋。其轨迹是物料输入和产品输出的路径，具有纪念和教育价值。宜将铁路线布置于道路红线外，与步行区域的景观设计相结合，让行人在行走中感受厂区的记忆，想象同一地点上不同时间发生的故事。

意象保护五：新旧共生

对于那些次要工业遗迹可采取创新的手法加以保护。整个园区有 7 栋市级历史保护建筑，设计采取历史保护的手法加以保护利用。对于那些保留下来的其他次要

厂区鸟瞰图

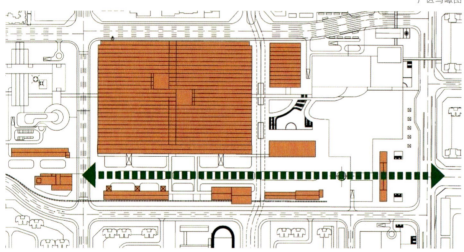

工业遗迹，例如刚玉分厂维修车间的改造，设计通过新建筑与老建筑有机结合，利用建筑形体之间的穿插形成新的空间组合形式，达到新旧共生，既保留了历史记忆也赋予时代感（图8-36）。

（3）塑造时代交融的公共空间体系，建构城市文化客厅

首先结合厂区原有空间轴线的特色，整合公共空间系统。本区域公共空间系统包括地面公共空间、地面有盖公共空间（包括位于室内的廊道和骑楼）、地下公共空间。其次，通过创新的多维基面的立体设计手法，塑造特色公共空间，提供创客休闲交往的环境，形成创客交流、激发头脑风暴和创意的场所。同时地块西侧设置下沉表演场，提供各种中、小型活动，包括音乐演奏、时装表演、文创信息发布等。下沉表演场以保护现状古树为原则，采用不规则自由布局形式。下沉表演场结合地下空间，形成地下车库的疏散口（图8-37）。

图 8-35 园区空间轴线
图 8-36 新旧建筑共生
图 8-37 新旧结合的创意休闲空间；地下水街

在保留厂区高大乔木的基础上,形成核心公共生态绿化带。厂区内利用现状绿化及古树,建设 2~3hm² 的生态绿地并形成系统,成为整合文创中心的特色空间,促进生态质量和土地价值的提高,提供各种社会、文化、商业活动(图 8-38,图 8-39)。

项目基本情况

项目类型： 城市更新，工业遗产保护

建设地点： 郑州

总用地面积： 45.3hm²

总建筑面积： 89.5万 m²

总容积率： 1.98

规划设计时间： 2015年

设计单位： 上海建筑设计研究院有限公司、同济大学建筑城规学院城市设计研究中心

图 8-38　中央景观带；中央广场
图 8-39　左：西贡港阮必成国际复合街区项目区位；右：基地现状图

西贡港阮必成国际复合街区项目

项目区位及建设背景

随着"21世纪海上丝绸之路"合作倡议的提出,我国与东盟国家的经济往来也越来越密切。其中,越南作为人口与经济发展较为快速的国家,与我国合作开发了诸多项目,西贡港阮必成国际复合街区便是其中之一。

从1815年开始,越南西贡港便开始成为西贡河上的最重要港口之一。伴随着胡志明市的不断发展扩大,西贡港周围也都逐渐被城区包围,原先的港口功能逐渐与市中心的区位不相符合,河岸线长达2km的优质土地资源也未得到充分利用,在这样的背景下,西贡港开发项目应运而生。

西贡港阮必成国际复合街区项目位于胡志明市第四郡,与市中心(第一郡)仅一桥之隔,地理位置优越。基地北侧紧临西贡河,与守添新区隔河相望;南倚阮必成大街,是连接一郡的重要城市道路,阮必成大街南面则是第四郡的大片的建成区域。项目以区域现状分析为依据,从解决基地自身问题、完善区域功能、提升环境品质等角度,对西贡港项目提出了解决方案(图8-40)。

总体方案概述——以 TOD 主导的多功能复合城市更新

项目规划用地面积约 45hm²，基地由 8 个地块组成，内含一个交通枢纽中心、两所学校、一座专科医院，四个轮渡码头，地上建筑面积约 130 万 m²，地下建筑面积约 70 万 m²，局部三层地下室停车库。项目总建筑面积约 200 万 m²，将打造成为胡志明地区最为重要的复合型城市综合社区。

总体方案以解决西贡港区域交通问题为基础，通过植入多样化的城市复合功能、多层次滨河景观，营造出具有 24 小时活力的城市滨水区域。

①优化城市区域交通体系，解决城市"堵点"，修复胡志明市一郡与七郡之间快速交通的联系，还西贡港一个通达、高效、舒适的道路交通环境。

②延续城市既有道路肌理，延伸城市道路范围，将滨江绿地公园渗透进城市街道，拓展城市公共活动空间。

③充分整合区域内部多样化的交通形式，打造集地上、地下、水路的多模式交通节点，对接胡志明市公共交通体系，形成互联互通的城市链接架构。

④传承胡志明红色历史文化，结合胡志明纪念馆等重要保护建筑，规划胡志明小学、胡志明展览馆等建筑，打造充满历史温度的文化街区。

总体低碳策略实践

（1）立体复合的交通体系

阮必成大街紧临基地南侧，是连接胡志明市中心（第一郡）与第七郡之间最重要交通干道之一，其车行交通的现状承载力已接近饱和，川流不息的车流也割裂了规划基地与南侧城市建成区之间联系（图 8-41）。

图 8-40　左：平面图；右：夜景效果图
图 8-41　上图：西贡港阮历史文化街区效果图；下图：滨江绿地公园效果图

为了缓解阮必成大街的交通压力,在分析区域整体交通的基础上,利用基地范围内的地下空间建设两条快速道路,将过境车流引入地下快速通过,地面仅需满足本区域内产生的交通需求,大大分流了阮必成大街的交通压力,使其从一条区域快速道路转型成为一般的城市道路,重新建立了阮必成大街两侧的交通联系,打造了立体复合的交通体系,使西贡河河滨区域更好地融入胡志明城区。

(2)多模式换乘的交通节点

根据规划的地块功能,并结合其对交通情况需求的不同,综合布局交通节点。交通节点采用分级控制原则,根据能级不同划分为核心节点与组团节点两大类。其中，核心节点结合了地铁站、公交站、轮渡码头、P+R 停车、共享单车等多种交通模式于一体，形成绿色高效的交通核心节点；组团节点则根据其区位、周边功能布局、辐射范围等需求，选择合适的交通组合模式，形成各自区域的公共交通节点。多模式交通节点的间距控制在 400~600m，保证区域任一点均在交通节点的服务半径范围内。

（3）人文点位传承，街区肌理延续

基地内既有传承百年历史的码头工业遗迹，也有深受人民敬仰的胡志明纪念馆，具有丰富的历史和人文价值，代表着西贡近现代革命史和工业发展的历史。城市设计保留了原有历史建筑，重塑并完善了胡志明纪念馆及周边附属建筑的整体规划布局，充分发挥其教育、公共开放、文化传承、传播的作用，打造一个胡志明爱国主义教育中心。以博物馆为中心，布置了纪念广场、胡志明小学、工农业历史展示馆、规划展示馆等多个文化设施，强化了具有纪念意义的纪念轴线。同时，设计拓展出滨江音乐广场，结合厂房建筑的原有结构，对使用功能进行更新和调整，引入文化艺术、创意产业、餐饮休闲等特色功能，使这里成为西贡市民集会、迎接庆典、小型音乐演唱等公共活动的市民广场，再现百年码头的辉煌，活化了历史遗迹，营造了城市的新名片（图 8-42）。

（4）串联人文点位的漫步体系

西贡港步行交通总体布局顺应地形走势，东西向沿西贡河展开。通过滨水慢行空间、内街步行空间，以及阮必成大街步行空间三个层次，形成串联整个基地的步行联络骨架。步行网络中设置不同的开放节点，如胡志明纪念广场、守添大桥河景

艺术公园、船厂文化遗址广场、灯塔中心等，体现了城市历史记忆、胡志明红色文化，完善和丰富了滨水步行的文化体验（图8-43）。

同时，城市设计延续腹地既有街坊肌理，将街坊道路延伸至开放的滨水步行区域，实现区域整体步行网络的连续性、可达性、多样性。

（5）混合多样的功能布局

功能规划因地制宜，顺应基地内不同区段的自身区位特点，将西贡港基地由西至东依次划分为：胡志明博物馆历史文化街区、TOD中央枢纽公园核心商办区、船厂遗址文化居住区、河流经济与科技文化区四大区域。每个区域根据其核心功能特征的不同，以功能多样混合为原则，布局不同的功能用地，使不同区域均能保证长时间的城市活力。

（6）与自然结合的中央枢纽公园

TOD中央枢纽公园位于西贡港的几何中心，能更好地辐射周边各个地块，守添大桥作为联系西贡河两岸最重要的交通设施，也从这里通过，使该区域成为整个西贡港的最为标志性的区域。

（7）活力生态岸线，延伸城市肌理

整个项目有接近2200m长的生态岸线，通过生态公园、亲水步道、立体平台等空间，打造生态型滨水岸线，满足西贡河涨落潮和雨季洪汛的自然特点，创造宜人的滨河景观带。同时将原有第四郡的七条街坊道路延伸至江边，进而创造了多条从第四郡内陆腹地直达江边的视觉及慢行通廊，强化了基地的滨江可达性、空间可呼吸性和合景观渗透性（图8-44，图8-45）。

图8-42 左：胡志明纪念馆周边规划；右：船厂遗址公园改造效果图

图8-43 沿西贡河生态岸线效果图

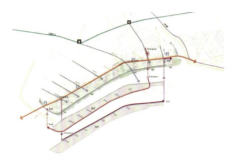

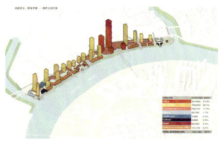

图 8-44 立体交通体系图、TOD 中央枢纽公园剖透图、可持续发展分析图、功能混合分析图

图 8-45 手绘全景鸟瞰图

项目基本情况

项目类型： 片区商办综合开发

基地面积： 约 45hm²

地上建筑面积约： 130 万 m²

地下建筑面积约： 70 万 m²

设计时间： 2017 年

拟建成时间：

建设单位： 中国民生投资股份有限公司

设计单位： 上海建筑设计研究院有限公司

参考文献

[1] 开彦，王涌彬．绿色住区模式：中美绿色建筑评估标准比较研究 [M]．北京：中国建筑工业出版社，2011．

[2] 世界环境与发展委员会．我们共同的未来 [M]．王之佳等译．长春：吉林人民出版社，1997．

[3] 吴志强，干靓．城市生态规划技术方法体系研究：以上海世博会园区生态规划为例 [M]// 中国城市科学研究会．第七届国际绿色建筑与建筑节能大会论文集．北京：中国城市出版社，2011．

[4] 龙惟定．低碳城市的区域建筑能源规划 [M]，北京：中国建筑工业出版社，2011．

[5] 理查德·瑞吉斯特．生态城市：重建与自然平衡的城市 [M]．北京：社会科学文献出版社，2010．

[6] 巴鲁克·吉沃尼．建筑设计和城市设计中的气候因素 [M]．北京：中国建筑工业出版社，2011．

[7] 上海市规划和国土资源管理局．上海2035迈向卓越的全球城市 [M]．上海：上海科技出版社，2018．

[8] 聂梅生、秦佑国、江亿．中国绿色低碳住区技术评估手册 [M]．北京：中国建筑工业出版社，2011．

[9] 王建国．城市设计 [M]．北京：中国建筑工业出版社，2009．

[10] 卢济威．城市设计机制与创作实践 [M]．南京：东南大学出版社，2005．

[11] 玛丽昂．罗伯茨，克拉拉．格里德．走向城市设计：设计的方法和过程 [M]．马航等译．北京：中国建筑工业出版社，2005．

[12] 松永安光．城市设计的新潮流 [M]．周静敏，石鼎译．北京：中国建筑工业出版社，2012．

[13] 理查德．罗杰斯，菲利普．古姆齐德．小小地球上的城市 [M]．仲德崑译．北京：中国建筑工业出版社，2004．

[14] 王晓明，陈清桥．当代东亚城市：新的文化和意识形态 [M]．上海：上海书店出版社，2008．

[15] 田野．生态城市规划编制初探：大连与天津的实践 [M]．北京：中国建筑工业出版社，2010．

[16] 华红琴，翁定军．低碳城市：从理念到行动 [M]．上海：格致出版社，上海：人民出版社，2010．

[17] 聂梅生、秦佑国、江亿. 中国绿色低碳住区技术评估手册 [M]. 北京：中国建筑工业出版社，2011.

[18] 李峥嵘，赵群，展磊. 建筑遮阳与节能 [M]. 北京：中国建筑工业出版社，2009.

[19] 建筑设计资料集编委会. 建筑设计资料集 1（第 2 版）[M]. 北京：中国建筑工业出版社，1994.

[20] 龙惟定，白玮. 城市需求侧能源规划和能源微网技术（上册）[M]. 北京：中国建筑工业出版社，2016：320-321.

[21] 上海现代建筑设计（集团）有限公司，建筑节能设计统一技术措施（给排水）[M]. 北京：中国建筑工业出版社，2009.

[22] GHIAUS C, ALLARD F. Natural ventilation in the urban environment：assessment and design [M]. London；Earthscan. 2005.

[23] Ng E., Feasibility study for establishment of air ventilation assessment system-final report [M].Hong Kong：Department of Architecture, The Chinese University of Hong Kong. 2005.

[24] Santamouris M., Energy and Climate in the Urban Environment [M]. London：Routledge.2001.

[25] Cheng V, Steemers K, Montavon M, et al. Urban form, density and solar potential[C]//the 23nd Conference on passive and low energy architecture, Geneva, 6-8 September, c2006：909-914.

[26] 王建国. 生态原则与绿色城市设计 [J]. 建筑学报，1997，7：8-12.

[27] 仇保兴. 从绿色建筑到低碳生态城. 城市发展研究 [J]. 2009，16（7）：1-11.

[28] 全国工商联房地产商会，精瑞（中国）不动产研究院. 中国绿色低碳住区减碳技术评估框架体系讨论稿节选 [J]. 动感（生态城市与绿色建筑）. 2010，1：30-33.

[29] 唐鸣放，杨真静，李莉. 自然状态草地式屋顶绿化隔热特性分析 [J]. 暖通空调，2007，37（3）：1-5.

[30] 代建国，杨建荣，陈戈. 太阳能系统经济性分析及评估新方法研究 [J]. 绿色建筑，2010.6：48-52.

[31] 张冬冬. 中国城市政府管理体制的结构性突破：以上海市"两级政府、三级管理"体制作为研究对象 [J]. 杭州师范大学学报（社会科学版），2015，37（1）：110-115.

[32] OKE T. Street design and urban canopy layer climate [J]. Energy and Buildings, 1988，11：103-113.

[33] MACDONALD R. Modelling the mean velocity profile in the urban canopy layer[J]. Boundary-layer Meteorology, 2000, 97（1）：25-45.

[34] BLOCKEN B，CARMELIET J. Pedestrian wind environment around buildings：literature review and practical examples [J]. Journal of Thermal Environment & Building Science，2004，28（2）：107 -159.

[35] 中华人民共和国国务院新闻办公室．中国应对气候变化的政策与行动．[R/OL]（2013-7-1）[2021-8-30]http：//www.ncsc.org.cn/yjcg/cbw/201307/W020210329554993776215.pdf.

[36] 上海市城乡建设和交通委员会．绿色建筑评价标准：DG/TJ 08—2090—2012[S]．上海：同济大学出版社．

[37] Steemers，K. Energy and the city：density，buildings and transport. Energy and Buildings [J]. 2003，35（1）：3-14.

[38] Jabareen，Y. Sustainable Urban Forms：Their Typlogies，Models，and Concepts. Journal of Planning Education & Research[J]. 2006，26（1）：38-52.

[39] 中国房地产研究会人居委员会．绿色住区标准 T/CECS 377—2018[S]，北京：中国计划出版社，2018.

[40] 中国城市科学研究会．绿色生态城区评价标准 GB/T 51255—2017[S]，北京：中国建筑工业出版社，2017.

[41] 中国建筑科学院上海分院，上海时建筑科学研究院．绿色生态城区评价标准 DG/TJ 08—2253-2018[S]，上海：同济大学出版社，2018.

[42] 中国房地产研究会人居委员会．绿色住区标准 T/CECS 377—2018[S]，北京：中国计划出版社，2018.

[43] 中国城市科学研究会．绿色生态城区评价标准 GB/T 51255—2017[S]，北京：中国建筑工业出版社，2017.

[44] 中华人民共和国住房和城乡建设部，民用建筑节水设计标准 GB 50555—2010[S]，北京：中国建筑工业出版社，2010.

[45] 中国房地产研究会人居委员会．可持续发展住区建设导则 [R/OL]（2013-4-23）[2014-6-15]. https：//jz.docin.com/p-639983400.html.

[46] 上海市人民政府．上海市城市总体规划（2017-2035）[R/OL]（2018-01-01）[2021-3-20].https：//www.shanghai.gov.cn/newshanghai/xxgkfj/2035001.pdf.

[47] 上海市住房和城乡建设管理委员会，上海市发展和改革委员会．2019 年上海市国家机关办公建筑和大型公共建筑能耗监测及分析报告 [R/OL]（2021-05-30）[2021-6-20]. http：//www.shjzjn.org/SysCommService//Web/uploadfile/messagefiles/attachmentfiles/20200722/20200722040223593 6621.pdf.

致 谢

2009年3月，根据集团工作安排，我调任上海建筑设计研究院担任院长。我们开始着手组建城市设计团队，并开始开展基于城市设计视角的低碳城区的设计研究和实践工作。

此书是在上海建筑设计研究院有限公司负责的现代集团和院立项的科研项目"基于城市设计视角的低碳社区研究"的基础上，通过近年来的数十项城市设计的实践，进一步补充完善而得。

整本书的内容是在课题组成员多次的讨论、持续的艰苦工作、不断的思想撞击和实践设计中产生的。

从2010年启动现代集团的科研立题，到2014年完成课题评审，历时几年，从资料的搜集、总结、归纳、提炼，到结合实际工程的城市设计案例总结，提出了我们的观点和城市设计的低碳设计的策略和引导。在实际项目中不断充实和完善，指导着我们的城市设计和建筑设计实践，丰富着城市设计的低碳内涵和设计方法。可喜的是今天在城市建设中，城市设计的意义和作用已得到社会共识。

全书凝聚了整个课题组成员的努力，为整理出版，从第1章至第8章组稿分工，分别为刘恩芳、范文莉、李建强、曹杰勇、潘嘉凝、王彦杰、于亮、孙大鹏、张路西等，感谢上海建筑设计研究院课题组的机电专家寿炜炜、陈众励、徐风、何焰等总师对于课题研究的贡献，以及参与延伸课题"城市片区可持续整体开发一体化设计研究"的孙大鹏、王舒曼、王寅等对于课题研究的贡献，还有周燕、马吴越、王欣、周盈馨等建筑师对相关资料、图文排版的帮助。感谢中国建筑工业出版社毋婷娴编辑、陈瑶美编的支持，在此一并致谢！

特别感谢卢济威先生、王建国先生、沈迪先生、吴蔚先生、邢同和先生、唐玉恩先生、赵万良先生、张剑先生、華雷先生、王平山先生等学者专家给予的指导和帮助。

特别感谢卢济威先生、王建国先生、沈迪先生为本书作序，激励大家在这一领域不断探索、不断前行！

刘恩芳
2021年9月